古代歷史文化_{研究輯刊}

古代歷史文化 研究輯刊

十七編

王 明 蓀 主編

第 11 冊

宋代轉運使與地方控制研究

靳 小 龍 著

國家圖書館出版品預行編目資料

宋代轉運使與地方控制研究／靳小龍 著 — 初版 — 新北市：
花木蘭文化出版社，2017〔民 106〕
目 2+122 面；19×26 公分
（古代歷史文化研究輯刊 十七編；第 11 冊）
ISBN 978-986-404-951-6（精裝）
1. 官制 2. 宋代
618   106001385

ISBN-978-986-404-951-6

9 789864 049516

古代歷史文化研究輯刊
十七編　第十一冊　　　　　　　　ISBN：978-986-404-951-6

宋代轉運使與地方控制研究

作　　者　靳小龍
主　　編　王明蓀
總 編 輯　杜潔祥
副總編輯　楊嘉樂
編　　輯　許郁翎
出　　版　花木蘭文化出版社
社　　長　高小娟
聯絡地址　235 新北市中和區中安街七二號十三樓
　　　　　電話：02-2923-1455／傳真：02-2923-1452
網　　址　http://www.huamulan.tw 信箱 hml810518@gmail.com
印　　刷　普羅文化出版廣告事業
初　　版　2017 年 3 月
全書字數　104346 字
定　　價　十七編 34 冊（精裝）台幣 68,000 元　　版權所有·請勿翻印

宋代轉運使與地方控制研究

靳小龍 著

作者簡介

靳小龍，山西新絳人。1999 年畢業於西北師範大學政法學院，獲法學學士學位。2002 年畢業於西北師範大學文學院，獲歷史學碩士學位。2002 年師從廈門大學歷史學系陳明光教授攻讀博士學位，研習中國古代經濟史，2005 年獲得博士學位，同年進入廈門大學歷史學系工作。現爲廈門大學歷史學系助理教授，主要從事隋唐史、中國古代經濟史的教學科研工作。

提　　要

　　宋朝是中國古代社會具有轉折意義的朝代，其承上下的時代特色，越來越受到治史者重視。宋代轉運使制度，雖前承唐代之制，但在宋代朝廷極其關注如何加強中央對地方控制的特定歷史背景之下，其創設和運作呈現出與唐代迥然不同的特色。學界對宋代轉運使制度研究成果夥頤，圍繞著財政、民政、司法、監察諸方面，發表了不少具有較高質量和品味的學術論著。不過，就宋代轉運使制度運行以及對地方政治的影響這一方面而言，多數研究雖有論及，但不甚集中和系統。筆者以地方控制爲契入點，選取轉運使在宋代國家機器中的地位與組織性質，結合前輩時賢的學術成果，對宋代轉運使與地方控制的關係這一專題做些不成熟的探討，希冀對宋代轉運使制度及其歷史地位的研究能有些許助益。

　　全書共分五章。

　　第一章《緒言》論述學術史、本選題意義、個人對選題的思考等問題，交待文章基本結構、研究方法，以及相關材料說明。第二章《宋代轉運使的組織性質問題再探》從中央政府和地方政府的關係入手，通過闡述宋代轉運使設置的歷史背景，分析轉運使的主要職能，考察轉運使與並立監司之間的互動關係，闡明筆者所認爲的宋代轉運使具有中央政府派出機構的組織性質的觀點。第三章《宋代轉運使履職方式與地方控制》以巡歷制度爲重點，論述轉運使履職的具體方式，討論宋代轉運使制度運作過程及其對地方控制的影響。重點在於闡述轉運使巡歷制度及其對地方控制的實際效果。第四章《宋代監司並立與地方控制》以轉運使與提刑司、提舉司的關係爲考察中心，闡述宋朝中央建立監司並立制度是出於分權制衡和行政實務的兩方面考慮，並分析監司並立制度對地方控制的雙重影響。第五章《結語》對全文觀點作出歸納和總結。

中央高校基本科研業務費專項資金資助
（項目編號 20720161110）

Supported by the Fundamental Research Funds for the Central Universities（No.20720161110）

獻給我的父親靳富泉

目次

第一章　緒言
——問題的緣起與學術史回顧

一、以宋代轉運使作爲研究對象的意義

　　作爲差遣官的使職，漢代就已出現，當時官員被委以臨時性任務時，有時便冠以使之名，比如東漢范滂曾任清詔使。有唐一代，隨著地方社會經濟形勢的變化發展，在唐高宗和武則天統治時期使職大量出現，唐中後期以「使」名官日益增多〔註1〕，使職體系發展演變，影響到唐代後期乃至宋代中央和地方行政體制的運轉〔註2〕。轉運使之職肇始於唐，開元二十一年（735年），唐政府設置轉運使一職，裴耀卿首膺此職。〔註3〕轉運使是主管漕運的使職，起初之設雖爲臨時之制，然隨著唐代中後期社會經濟重心的南北易位，東南地區在整個財政經濟格局中的地位日益突出，國家用度和財物調撥愈來愈倚重南方，江南成爲國家的倉儲，國家財政體制也隨之產生重大變革，轉運使一職的重要性也隨著唐代中後期財政體制的變化而日趨顯現。這一點由劉晏先以戶部侍郎，後以吏部尚書、同平章事的頭銜，領度支、鹽鐵轉運諸使，掌漕運之事而尤顯突出。自劉晏始，唐代轉運使也由臨時的差遣之職轉變爲固定官職，且在唐代中後期和五代的政治經濟和社會生活中發揮了越來越重要的職能，也爲唐代在安史之亂的震蕩後，依然能國祚百年建功不菲。

〔註1〕　參見陳仲安《唐代的使職差遣》，《武漢大學學報》1963年第1期。
〔註2〕　對於這種影響，劉後濱先生在其新著《唐代中書門下體制研究》（齊魯書社，2004年）中有詳細的探討，研究角度獨特，觀點新穎，可參考。
〔註3〕　關於唐代轉運使設置時間的確定，可詳參何汝泉《唐代轉運使初探》（上篇），《轉運使的設置》，西南師範大學出版社，1987年。

宋代轉運使之置因襲唐代，有因有革。「轉運之名雖肇於唐，然不過一時之制，宋則職專任重，稱爲漕司，終代不易，名雖因而實則創也。」〔註4〕轉運使在宋代被稱爲「外治之劇權」〔註5〕，其以「幹蠱之才，領轉漕之任，生民繫乎舒慘，國用倚之盈虛。百吏承風，在舉措而宜愼；三年會計，固黜陟以是行」〔註6〕。宋代史籍中關於轉運使的記載，俯拾即是，它兼領財政、監察、點檢刑獄、治安、邊防、民政等事務，無所不包，可謂是「表帥一方郡縣」〔註7〕，是舉足輕重的使職，而唐代轉運使則無如此大之權限。〔註8〕所謂「尚書令在漢爲司牘小吏，而後世則爲大臣所不敢當之穹官；校尉在漢爲兵帥要職，而後世則爲武弁所不齒之冗職。」〔註9〕相同稱謂的官職在不同時代的官制體系中，所扮演的歷史角色大相徑庭，這種現象並不鮮見。而由唐入宋，轉運使一職從主持漕運，保證京都財物供應爲主要職守的使職，轉變爲對於中央和地方政務都具有重大影響力的職官，這一演變過程如何進展，其內部深層的動因何在，都是頗值得探究的問題。史學家鄧廣銘先生一直倡導要把「職官、地理、目錄、年代」作爲研究中國歷史的四把鑰匙。但宋代官制也是宋史研究的難題之一。宋代職官制度繁紛複雜，恐爲歷代之最，因此要系統、深入地探究宋代官制的來龍去脈，也是一項艱巨的工程。因此，需要「從各個不同方面、角度和層次漸次推進，慢慢地啃動這塊大骨頭」〔註10〕。鑒於此，本文選取宋代轉運使一職作爲研究對象，也是希冀能夠通過個體或部分的考察，對宋代官制的整體研究能有些許幫助。

其次，釐清職官制度的演變，把握唐朝官制演變爲宋代官制的關鍵——使職〔註11〕，亦有助於我們窺探唐宋社會變遷的歷史軌跡。對於唐宋社會變

〔註4〕 《歷代職官表》卷五二。

〔註5〕 李燾：《續資治通鑒長編》卷三九八，哲宗元祐二年四月癸巳條。

〔註6〕 章如愚：《群書考索》後集卷一五，《考課類》。

〔註7〕 《續資治通鑒長編》卷二八○，神宗熙寧十年正月癸亥條。

〔註8〕 關於唐代轉運使的研究，可詳參何汝泉《唐代轉運使初探》（西南師範大學出版社，1987年11月）、《唐代地方運使述略》（《西南師範大學學報》2003年第6期）、黃壽成《關於唐代鹽鐵轉運度支等使的問題》（《陝西師範大學學報》1999年第2期）。

〔註9〕 馬端臨：《文獻通考》，《自序》。

〔註10〕 王曾瑜先生在《中國古代史導讀》（文匯出版社，1991年）中談到宋代官制和儒學是宋史研究的兩大難題。

〔註11〕 何汝泉：《唐代轉運使初探》，西南師範大學出版社，1987年11月，前言第2頁。

遷及其歷史影響，研究者津津樂道於陳寅恪先生在《論韓愈》一文中所論的「唐代之史可分前後兩期，前期結束南北朝相承之舊局面，後期開啓趙宋以降之新局面，關於政治社會經濟者如此，關於文化學術者亦莫不如此」〔註12〕。而「華夏民族之文化，歷數千載之演進，造極於趙宋之世。」〔註13〕儘管對於唐宋社會變遷的性質、內涵和歷史意義的研究，中外史學界的看法依然存在分歧，但是唐宋社會變遷的存在已成爲共識。「宋朝是前所未有的變化的時代，是漫長的中國歷史中的一個轉折點。」〔註14〕宋代轉運使制度也正是在這樣一個宏觀背景下設置和實施的。選擇宋代轉運使制度作爲我們探究的對象，亦可瞭解在唐宋社會變遷過程中，社會經濟發展與政治制度演進的互動過程，從而揭示唐宋社會變遷更爲豐富的歷史內容。

首先，宋代轉運使制度的設置和運作集中體現了宋代對於集權與分權關係的考慮。作爲中央派出機構的轉運使，其各項職能安排及履職方式，無不與如何恰當處理中央與地方的關係這樣一個貫穿於中國社會的政治主題密切相關。宋代建國之前，中原板蕩，中國經歷了二百多年的地方割據和戰亂分裂。唐代安史之亂後，唐王朝由盛轉衰，以節度使爲代表的地方勢力坐大，尾大難調，中央王朝的權威日益衰微，藩鎮割據的狀態一直持續到唐王朝結束。從朱溫滅唐建梁，到趙匡胤陳橋兵變黃袍加身建宋代周，這一期間，中國仍在經歷五代十國離亂的陣痛。無怪乎宋人歐陽修在撰修《新五代史》時，每每發論皆以「嗚呼」爲端，在他眼中，「五代之亂極矣」〔註15〕。而傳統中國文化的特徵又顯示著長期以來人們對「政治統一和社會和諧的強烈嚮往」。〔註16〕這種文化特徵所造成的一個後果就是數千年來，在大多數的時期裏，中國維持了一個龐大的大一統帝國，這「是現代中國人賴以安身立命並且不得不接受的遺產」〔註17〕。宋朝立國之初所面臨的迫切問題就是如何結束自

〔註12〕陳寅恪：《金明館叢稿初編》，第296頁，上海古籍出版社，1980年。

〔註13〕陳寅恪：《鄧廣銘〈宋史職官志考證〉序》，《金明館叢稿二編》，第245頁，上海古籍出版社，1980年。

〔註14〕（美）伊沛霞：《內闈：宋代的婚姻和婦女生活》，《緒言》，江蘇人民出版社，2004年。

〔註15〕歐陽修：《新五代史》卷三十四，《一行傳》。

〔註16〕羅溥洛：Heritage of China: Contemporary Perspectives on Chinese Civilization, Introdution，第7頁，加州大學出版社，1990年。轉引自包偉民《宋代地方財政史研究》。

〔註17〕葛劍雄：《統一與分裂》，第5頁，三聯書店，1994年。

唐安史之亂後的分裂割據局面，如何削除自唐季五代以後方鎮專權，武將跋扈，綱紀紊亂的混亂社會形勢，重建中央集權的新秩序，恢復國家的統一和安定。因此，宋代統治者日益沉潛於「安內靖國」，「守內虛外」的治國策略，以強化中央集權和鞏固中央權威為首務。轉運使制度的實施，是宋代朝廷在中央和地方之間尋找一種有效的政治平衡手段的結果，於「操制州郡」〔註18〕即地方控制有著重要意義。

其次，唐宋之際社會經濟的發展變化也導致了包括政治制度、軍事制度在內的社會結構的變化。經濟變化集中表現在土地制度的變遷，土地買賣自由程度加強，政府的經濟政策的變化，稅收政策的修改，商業的迅速成長等等。而最能影響全局的莫過於此時南北經濟重心的易位。中國古代經濟重心的南移恰恰始於唐五代而完成於兩宋。〔註19〕從 8 世紀到 13 世紀，中國社會經歷著政治、經濟、文化等方面的深刻變化，與此同時，職官制度也在逐步地形成宋代獨有的設官分職特點的職官體制，這不僅是晚唐五代所積纍的經驗教訓為宋代調整變革提供了比較清晰的思路，而且也是宋代統治者在政治實踐中不斷摸索的結果。宋代的轉運使制度是在唐宋之際社會變革的背景下，對前代中央控制地方模式的繼承與創新。

總之，對宋代轉運使的研究，不僅具有職官方面的意義，而且有助於深入探討唐宋社會變遷問題。

二、宋代轉運使研究的學術積纍

歷史學的研究絕非靜止不變，研究方法也是隨著研究群體和歷史條件的變化而發生轉變。包括史學在內的人文社會科學，其治學方法通常必須先要瞭解過去的研究成果和水平，學界對某一問題有哪些一致性的共識，有哪些懸而未決的問題，有哪些研究課題仍然可以有發揮的餘地，有哪些研究路徑是能夠開闢新的理論天地的途徑，新的研究趨勢將會向什麼方向發展，只有明瞭這些，才能確定自己研究的取向和意義。

宋代轉運使的研究，前輩時賢論著夥頤。早在宋代，不少學者業有記載和評論，即如孫逢吉的《職官分紀》、王益之的《職源撮要》對古代官制的論

〔註18〕葉適：《水心集》卷三，《監司》。
〔註19〕鄭學檬：《中國古代經濟重心南移的若干問題探討》，《光明日報》1988 年 6月 15 日。

述，王應麟的《玉海》、章如愚的《山堂先生群書考索》、謝維新的《古今合璧事類備要》、高承的《事物紀源》等類書中關於官制、選舉等均有對轉運使的論述。南宋學者呂祖謙的《歷代制度詳說》、呂中的《大事記講義》以及後來元人馬端臨的《文獻通考》、清人徐松所輯《宋會要輯稿》在對宋代制度和歷史的敘述中也包括了對轉運使制度的議論。這些史料既爲我們提供了最基本的史實，也讓我們瞭解到古人對轉運使制度的看法。

利用現代史學方法和理論對宋代轉運使進行研究開始於20世紀二三十年代，也就是歷史研究領域引入新的思想和研究方法，而此時，中外學者對於中國歷史的研究，逐步形成了斷代史的概念。大陸學者張家駒1935年發表的《宋代路分考》〔註20〕，是筆者所見較早涉及宋代轉運使的研究之一。該文認爲宋代初期分天下爲若干道，一則爲地理區劃意義上的道，一則爲轉運使所轄與地方行政管理有關的道。後因罷節鎮支郡，則以轉運使所領之道總之，從而形成後來所稱之路。他的研究，與前人有所不同，沒有簡單地停留在道或路建置的表面形式，而是深入到地方行政管理的層面來評估路制建置，應該說是切中要害。因此，他的研究也就避免了前人僅據路作爲地方建置的一種名稱，而不究其內涵，誤將陝西四路、河北四路等安撫司路與淮南東西路等轉運司路視爲同一性質的路制的做法。日本學者青山定男的《唐宋時代的轉運使與發運使》〔註21〕的研究略早於張文，青山氏比較了轉運使在唐宋兩代作爲負責漕運事務一職的沿革和變化。他們的研究無論從研究方法、視角轉換，還是所形成的觀點，無不受到現代史學觀念和方法的影響，可以說是運用現代史學方法研究宋代轉運使（司）制度的肇始。

從二十世紀七十年代末八十年代開始，在宋史研究領域，學者們開始對包括天水一朝的轉運使制度在內的制度問題展開系統、深入和細緻地探討，湧現出一批較有分量的研究成果，取得了顯著的進展。這些成果有專題性的研究，如許懷林、鄭世剛、姜漢椿、王文楚、李昌憲、李之亮、謝興周、屈超立等人的研究，也有散見於相關制度史的研究，如汪聖鐸、包偉民、鄧小南、賈玉英、苗書梅、金圓等人的研究。近年來，宋代轉運使制度研究也已成爲學位論文的選題，例如謝興周、李立、戴揚本的研究。

〔註20〕張家駒：《宋代路分考》，《禹貢半月刊》第四卷第一期，1935年9月。
〔註21〕（日）青山定男：《唐宋時代的轉運使與發運使》，友莊譯，《清華周刊》1934年第42期第1卷。

研究的角度也比較多樣，突出的如汪聖鐸、包偉民從財政史的角度，金圓、賈玉英從監察制度入手，李文治等從中央和地方關係的視角，屈超立以地方民事審判職能爲切入點，等等。縱觀這些研究，我們看到對於轉運使制度的探索，研究者從開始傾向於將轉運使單純定位爲唐代以降以監察地方官員爲己任的使職，漸次拓展到深入、系統地分析轉運使於中央和地方行政事務管理所發揮的作用，進而從一個側面揭示出中國社會由唐入宋的一些深層次的變化。茲就這一時期具有代表性的研究成果，結合已形成的轉運使制度研究諸層面撮要述評。爲行文方便，凡文中提及學者皆省卻敬稱，敬祈見諒。

（一）關於宋代轉運使司的性質

宋代轉運使司究竟是中央政府的派出機構還是地方一級政府，一直是存有爭議的問題。形成對轉運使性質不同看法的緣由之一，是對於宋代「路」級區劃建置定位的差異——路是監察區還是行政區，或者說是對宋代地方行政體制的層次結構問題眾說紛紜。宋代懲唐末五代「節鎮太重，君弱臣強」之弊，設立路級機構介入地方事務，加強中央集權。宋代路級機構設置的變化直接影響著轉運使本身的性質變化。總結起來，對宋代地方建制的意見可以歸納爲以下幾類。

第一類，州縣兩級說。20 世紀 40 年代，金毓黻就指出，宋代地方行政系統是州、縣兩級，而不是三級。聶崇歧認爲宋代的地方行政是兩級，基層是縣，縣之上則是州府軍監四級。在兩級行政機構之外，又有監察區，即路。〔註 22〕張德昌對於州縣二級制的論證頗有新意。他利用現代意義的政區概念和內涵，分析北宋的路與州之間並非上下級的隸屬關係，路級各機構設置錯綜交織，且沒有形成統一的管理局面，這些並不符合政區的特質，因此，宋代的路不是一級政區。〔註 23〕朱瑞熙〔註 24〕、張希清〔註 25〕、苗書梅〔註 26〕、陳振〔註 27〕、

〔註 22〕 聶崇歧：《中國歷代官制簡述》，《光明日報》1962 年 4 月 25 日，《史學雙周刊》第 236 號。另見氏著《宋史叢考》，中華書局，1980 年。

〔註 23〕 張德昌：《北宋路制簡論》，《信陽師範學院學報》1985 年第 3 期。

〔註 24〕 朱瑞熙：《中國政治制度通史》（第六卷），第 343～344 頁，人民出版社，1996 年。

〔註 25〕 張希清：《宋朝典制》，吉林文史出版社，1997 年。

〔註 26〕 苗書梅：《宋代官員選任和管理制度》，河南大學出版社，1996 年。

〔註 27〕 陳振：《宋史》，第 138 頁，上海人民出版社，2003 年。

包偉民〔註28〕、李光霽〔註29〕、陳長征〔註30〕等學者也認爲路並不是一級完整的行政區劃。

第二類，路州縣三級說。葉伯堂認爲自宋代地方行政區劃自至道三年以後就是路、州、縣三級建制。〔註31〕鄭世剛主張宋代的地方行政機構設置爲路州縣三級，質疑兩級說和「中樞、路、州縣」三級說〔註32〕，認爲從組織結構、職能範圍、建置時間、建置區域體制、施政方式認以及行政隸屬來看，三司並立具有行政組織的性質。王文楚〔註33〕、曾瑞龍〔註34〕、江曉敏〔註35〕、賈玉英〔註36〕、李昌憲〔註37〕、汪聖鐸〔註38〕、龔延明〔註39〕等研究則逕稱兩宋時代，路是地方最高一級行政區域。主要觀點是宋初路是監察區而非行政區，隨著轉運使日益權重，路一級建制開始具有了行政區的色彩，地方行政結構上也形成路、州、縣三級制，直接反映了宋代強幹弱枝、強化皇權的立國宗旨。

第三類，虛三級制說。周振鶴認爲宋代地方行政具有三個特點：一是州以上沒有統一的地方行政機構和單一的行政長官；二是州以上並非單一的行政區劃，而是諸監司分路不一的複式路制；三是各州依然保留了向中央政府的直接奏事權。由此，路不成爲嚴格意義上的最高一級行政區，而形成二級半或虛三級制。〔註40〕

〔註28〕 包偉民：《宋代地方財政史研究》，上海古籍出版社，2000 年。詳見該書第一章。

〔註29〕 李光霽：《宋代職官制度的特點》，《歷史教學》，2001 年第 3 期。

〔註30〕 陳長征：《北宋中央控馭地方的派出機構——路》，《山東大學學報》2003 年第 2 期。

〔註31〕 葉伯堂：《宋代地方行政制度》，《憲政評論》第 9 卷第 4 期，1978 年。

〔註32〕 臧雲浦：《秦漢職官制度的形成與影響》，《徐州師院學報》1981 年第 2 期。

〔註33〕 王文楚：《北宋諸路轉運司的治所》，《文史》第 28 輯，第 145～159 頁，中華書局 1987 年。

〔註34〕 曾瑞龍：《宋朝史論》，強記出版，1989 年。

〔註35〕 江曉敏：《宋代中央政府對地方官員的任用、管理與監察》，《南開學報》1994 年第 1 期。《宋代路監司並立制下中央與地方關係》，李治安主編《唐宋元明清中央與地方關係研究》，南開大學出版社，1996 年。

〔註36〕 賈玉英：《宋代監察制度》，河南大學出版社，1996 年。

〔註37〕 李昌憲：《宋代轉運司治所考述》，《文史》第 55 輯，中華書局，2001 年。

〔註38〕 汪聖鐸：《兩宋財政史》，中華書局，1995 年。

〔註39〕 龔延明：《宋代官製辭典》，中華書局，1997 年。

〔註40〕 周振鶴：《中央地方關係史的一個側面（上）》，《復旦學報》1995 年第 3 期。

　　儘管對於路的性質的爭議頗不一致，但大多數學者肯定的一點是，路級機構的設置在有宋一代存在變化。有的學者的觀點前後也有改變。如朱瑞熙認為轉運司在至道二年各路復置提點刑獄司之前，是一路的最高長官，這時的轉運司路可以視為一級行政區劃。至道以後，諸司並立，便不算是一級區劃。而他在 80 年代為「中國歷代官制講座」所做的《複雜多變的宋朝官制》中曾提出，宋代實行路州縣三級建制；後來又認為，嚴格地講，宋代的地方實行州縣兩級建制，路是中央的派出機構，對地方實行監督。程美超認為路一級是中央的監察區域，而並非地方行政單位，但逐漸演變，也略似地方行政區劃的一種。〔註 41〕江曉敏認為雖然宋代地方行政是三級，但是是一種鬆散的三級制，由於路級始終未形成統一的行政機構，諸司互不統攝，也不能盡以州縣為下屬，兼之長期處於流動施治的狀態，故而，宋代並未建立起規範的路、州、縣三級行政統屬關係。〔註 42〕這一論斷又頗似虛三級制的特點。李其旻通過作橫向和縱向的比較後，提出宋代政區演變存在前後期之別。前期由於節度使和轉運使權力很大，其職守性質為地方行政長官，所以該時期應為路、州、縣三級；後期，限制轉運使權力，設提點刑獄使司、安撫使司、提舉常平使司進一步分轉運使司的權力。這樣轉運使司就只負責監察之職，府州可直達中央，因此，後期為州、縣兩級。〔註 43〕

　　路制機構討論的分歧帶來關於宋代轉運使性質問題的不同看法，與此同時，這些爭論在相當程度上又深化了對宋代路制的認識。有學者就提出，只有明瞭監司的來龍去脈，才能弄清路的性質；只有瞭解監司和州縣的關係，才能解決宋代地方行政的層級設置問題。〔註 44〕轉運使作為宋代初期便開始設立的路分重要監司之一，且在發展過程中地位愈顯重要，也逐步成為研究者關注的焦點之一。相對應於研究者對於宋代地方行政層級的意見，在轉運使性質研究問題上，或認為宋代轉運使是中央的派出機構，或認為轉運使是宋代地方最高行政長官，或指出宋代轉運使存在地方化的演變過程等。

〔註41〕　程美超：《中國地方政府》，（香港）中華書局，1987 年，第 117 頁。

〔註42〕　江曉敏：《宋代路監司並立制下中央與地方關係》，李治安主編《唐宋元明清中央與地方關係研究》，南開大學出版社，1996 年。

〔註43〕　李其旻：《宋朝「路」制淺析》，《齊魯學刊》1992 年第 4 期。

〔註44〕　羅文：《宋代中央對地方施政之路的區劃》，《大陸雜誌》第 49 卷第 5 期，1974年。

　　鄭世剛認為轉運使作為北宋唯一長期派至路級政區的使臣，它要監督中央政策在地方的貫徹實施，這就造成行政管理同「代天子巡狩」之間的矛盾，因此到北宋中後期，轉運使「常留一員在司主領職事」，這樣轉運司逐步成為北宋穩定的路級政區內行政機構，組織性質發生重大變化，轉運使雖保留了「代天子巡狩」的使職的組織性質，但在一定程度上具有路級行政機構的政權性質。轉運使但凡一路經濟、政法、軍事、文化及民族事務，無所不掌，可以說「北宋轉運使已非單一的漕臣，而是掌管一路諸事的行政長官之一。」〔註45〕這與他對於宋代地方行政層級的看法是相一致的。許懷林指出轉運使在有效地把地方財賦集中到朝廷的同時，也把權力集中到朝廷；不僅為皇帝理財，而且「與天子分土而治」，從而形成由漢唐以來地方監察區向地方行政區轉化，銜命按察州縣的使者向地方長官轉化的趨勢，昭示了「行省」的出現。由於宋朝一開始便仰仗重視計度財賦、漕運錢穀的轉運使，也使得轉運使「由臨時性的使者，演變為穩定的、制度化的地方大吏」。它與提點刑獄、提舉常平、安撫使、等大員一起，分管一路財政、刑獄、民政、軍事等要務，又刺舉州縣官吏，實際行使著一級行政單位的職權。因此，路有了行省的特性。〔註46〕他們也同時注意到，儘管路級監察區在向地方行政區轉化，轉運使由中央使職向地方長官轉化，但是在北宋一百六十餘年裏，轉運使又始終不是路級政區完整統一的政權代表，轉運司也不是完備統一的路級行政機構。且作為一種過渡形態，轉運使還明顯留著前階段、舊性質的東西，還不是真正的一路長官。在職掌上，轉運使無所不總，但無一專任，在組織上，州府既歸轉運使隸屬，又直屬京師，「得自奏事」。姜漢椿的觀點與鄭、許的觀點相類似，認為轉運使路的性質與漢代刺史部、唐代的道相比發生了很大的變化，實際上已成為地方一級行政區劃。但是，作為一級行政區劃，轉運使路尚未定型，其建制也不完備。〔註47〕曾瑞龍在探討地方行政結構時談到，宋太宗以後，路制日漸確立，轉運使其權益重，不僅作為監察官，也帶有行政長官的性質。〔註48〕謝興周在多篇論文中都提到，宋代地方最高長官為轉

〔註45〕鄭世剛：《北宋的轉運使》，載鄧廣銘等主編《宋史研究論文集》（1982年年會編刊），第319頁至第345頁，河南人民出版社，1984年。

〔註46〕許懷林：《北宋轉運使制度略論》，載鄧廣銘等主編《宋史研究論文集》（1982年年會編刊），第287頁至第318頁，河南人民出版社，1984年。

〔註47〕姜漢椿：《北宋轉運使略論》，《華東師範大學學報》1987年第5期。

〔註48〕曾瑞龍：《宋朝史論》，強記出版，1989年。

運使。〔註49〕李之亮亦稱轉運使是北宋王朝設置的最高地方官員。〔註50〕白鋼主編的《中國政治制度史》中認爲，「轉運使掌管一路的大權，實際上是本路的最高長官」。〔註51〕周振鶴述及地方行政制度變遷時認爲，以轉運使爲代表的監司，具備了地方政府的色彩，但又不是完全意義上的一級政府，北宋統治者始終爲路級政權強化帶來地方割據的心理所困擾。〔註52〕包偉民起初強調了轉運使作爲中央派出機構的性質，〔註53〕在其後對宋代地方財政的研究中，他發現，因爲轉運使兼具中央計司的派出機構和地方一路財政總管的雙重身份，以及研究者並沒有嚴格地確定地方財政和中央財政兩者的概念內涵，造成了對轉運使性質意見的分歧。他從轉運使雙重身份的角度入手，透過深層的制度要素，把握經北宋到南宋，轉運使作用和地位的演變過程，分析轉運使性質。認爲，從北宋初年路分轉運司制度確立，它就開始由作爲中央計司派出機構向地方財政管理機構緩慢演變的過程，即所謂「地方化」過程。其動因在於宋代國家財政危機的形成並不斷加深，中央計司日漸失去對地方財政通融均濟的能力，從而構成地方財政逐步依賴本地財政收入的局面，轉運司漕計的出現，正是這種轉變的直接反映，也導致宋代轉運司財政區劃的形成。但是，宋代的路級財政區，與後來介於中央和州郡之間的大政區（省）的形成，還有一定距離。〔註54〕言下之意，宋代轉運司並非一級行政管理機構。李曉也承認轉運使有地方化的傾向，原因在於轉運司自身權利配置和責任配置的非對稱性。〔註55〕高聰明從羨餘的角度看待轉運使究竟代表中央和地方的觀點，受到包偉民的質疑，包氏提出了與其恰恰相反的觀點，即轉運使向中央進羨餘，更能說明轉運司代表中央利益，督徵地方財賦的特

〔註49〕謝興周：《宋代轉運使之任用》，《新亞學報》第 17 卷，1994 年。《南宋轉運使的治所》，《大陸雜誌》第 88 卷第 2 期，1994 年。《宋代轉運使之建置及其在路制中之地位與影響》，《東吳歷史學報》第 3 期，1997 年。《宋代轉運使之職權》，《新亞學報》第十八卷，1997 年。

〔註50〕李之亮：《北宋河東路轉運使編年》，《華北水利水電學院學報》，2001 年第 2 期。

〔註51〕白鋼：《中國政治制度史》，天津人民出版社，1991 年。

〔註52〕周振鶴：《中華文化通志·地方行政制度志》，上海人民出版社，1998 年。

〔註53〕包偉民：《宋代地方州軍財政制度述略》，《文史》第 41 輯，中華書局，1996 年。

〔註54〕包偉民：《宋代地方財政研究》，第一章《轉運使的地位與作用》，上海古籍出版社，2001 年。

〔註55〕李曉：《北宋的河北糴便司》，《中國史研究》2004 年第 2 期。

性，而非轉運司「實際上是地方財政主管單位，具有相對的獨立性」。儘管都是從進羨餘的史實出發，但是由於分析的角度不同，結論也有差異。屈超立在論述宋代地方政府民事審判職能時也將轉運使納入地方政府的層級來其在地方民事審判中之作用。〔註56〕汪聖鐸在新近發表的研究成果中，似對以前的觀點有所修正。他關注到轉運使作爲宋初非割據性質藩鎮的替代者是準確定位宋代轉運使的關鍵。如同防範唐代藩鎮一樣，宋代統治者分割轉運使的權力，尤其是並不賦予轉運使直接任免、升黜、獎勵本路官員的權力。由於過度的集權財政管理難以維持，產生了相對獨立的路級財政管理層次。但這只是中央集權體制下的一個管理層次，轉運使不會實現眞正的地方化，也無法完全成爲地方利益的代表。〔註57〕這與他在《兩宋財政史》中的論述有所不同。在後者的研究中，他更強調轉運司作爲中央理財機構在地方的代表發揮作用和作爲地方財政的代表發揮作用的雙重性。苗書梅雖然認爲路級區劃還不是完整的一級行政區劃，但是在綜述宋代地方政治制度史時，仍然將轉運使納入地方政治建構的範圍。〔註58〕

迄今，對於轉運使的性質看法不一，眾說紛紜，還沒有一個被大多數學者們接受的觀點，是因爲資料佔有和研究角度的不同，呈現「橫看成嶺側成峰」的狀態。學者們注意到了整個宋代發展過程中轉運使地位的變化，但是較少關注不同區域間的差別，更多地關注了於中央政府在財政管理上密切相關的路分轉運使，這就很可能造成這些關鍵路分轉運使在性質上的變化等同於其它路分轉運使的性質，而這些關鍵路分是否能夠完全說明轉運使性質的方方面面，仍然是一個問題。所謂道理越辨越明，學術研究的難能可貴之處就在於通過學術觀點、學術思想的碰撞和交流，讓人們的認識越來越逼近所研究問題的本質。繼續討論轉運使的組織性質，對於更準確把握轉運使在宋代的地位和作用仍十分必要。

（二）關於宋代設置轉運使司的背景與原因

轉運使設置的歷史背景。從目前的研究來看，學者們大都持這樣的觀點，即轉運使司是順應宋代中央王朝爲了不斷削弱藩鎮的力量，罷節鎮領支郡，加強中央集權，「利歸公上而外權削」的需要而設置的路分機構。許懷林認爲，

〔註56〕屈超立：《宋代地方民事審判職能研究》，巴蜀書社，2003年。
〔註57〕汪聖鐸：《宋代轉運使補論》，《中國史研究》，2004年第1期。
〔註58〕包偉民：《宋代制度史研究百年》，商務印書館，2004年。

宋代強化轉運使，不僅爲了削除地方割據勢力，還有更深刻的經濟上和邊防上的原因。從邊防上講，北宋爲禦戎西北，大量作戰需要的糧餉和歲幣銀絹，主要仰賴江南和川蜀的錢穀。就當時經濟環境而言，經濟重心南移，仰漕東南成爲保障中央財政的關鍵，於是宋代政府一開始就重視計度財賦、漕運錢穀的轉運使，並賦予刺舉官吏、干預州縣政務的權力，以保證其轉運的高效率。〔註 59〕姜漢椿認爲，宋初統治者深鑒唐末五代藩鎮割據之弊，設轉運使路，防止藩鎮勢力再起，地方無法利用經濟力量同中央抗衡。再者，宋代南方經濟的發展，成爲轉運使路形成的催化劑。包偉民從財政管理的角度認爲，自唐中期以後，軍費開支迅速膨脹，財政事務日益繁重，郡縣——中央兩級財政管理結構已應接不暇，以北方作爲經濟支柱的財源格局，已不適應新形勢的需要，國家財政制度因而發生一系列變化，中央主計從戶部向三司轉化，置轉運使掌一路之財，形成一個比中央計司更直接、更具體、更貼近的督責機構，實現對州軍財政的高度中央集權。〔註 60〕汪聖鐸對轉運使設置的歷史背景敘述比較簡練，他直接指出，宋初革除藩鎮割據，廢支郡，州軍直達朝廷，以加強中央集權，客觀上仍需要在州軍和朝廷之間有一級組織，以代朝廷處理一些州軍不能或者不便處理的事務，於是轉運司應運而生。

　　轉運使來源問題。轉運使始置於唐。〔註 61〕宋承唐制，轉運使在由唐入宋的演變，研究者多有提及。鄭世剛考訂了轉運使的來歷，認爲轉運使初稱「水陸運使」。對於文獻記載三種轉運使初始名稱，他通過史料的排比、對照，否定了馬端臨《文獻通考・轉運使》中認爲轉運使初稱「水陸發運使」的說法和孫逢吉《職官分記》對轉運使初稱「水陸轉運使」的記載，肯定《唐會要》和《冊府元龜》中稱轉運使最初爲「水陸運使」是符合史實的。〔註 62〕戴揚本進一步指出，儘管水陸運使在後期權限收歸轉運使，但是在相當長的時間內，轉運使與水陸運使依然是並存的兩種不同的職務。〔註 63〕包偉民認爲自唐先天二年開始設置的漕運使職幾經變化，至宋最終形成轉運司與發運司相輔相成、而又職責有別的機構。〔註 64〕從他們的研究中可以看出轉運使

〔註59〕 許懷林：《〈北宋轉運使制度略論〉，載鄧廣銘等主編《宋史研究論文集》（1982年年會編刊），第 287 頁至第 318 頁，河南人民出版社，1984 年。

〔註60〕 包偉民：《宋代地方州軍財政制度述略》。

〔註61〕 何汝泉：《唐代轉運使初探》。

〔註62〕 鄭世剛：《北宋的轉運使》。

〔註63〕 戴揚本：《北宋轉運使考》，博士學位論文，華東師範大學，2003 年。

〔註64〕 包偉民：《宋代地方財政史研究》。

在唐宋時期是一脈相承的。汪聖鐸則指出宋代各路置轉運使爲常設機構，實際是漢刺史、唐藩鎮、各道觀察使在新的歷史條件下的變種，不同之處在於，較之漢刺史、唐觀察使，它以掌一路財計爲主，較之唐藩鎮，它沒有軍權。〔註65〕李立在考察轉運使的起源過程中，概述了轉運使在由唐入宋的歷史進程中的變化。〔註66〕齊濤則認爲宋代轉運使是直接取法於唐代的巡院，而非鹽鐵轉運使。〔註67〕

　　北宋初期，出於當時政治環境以及戰事需要，往往會有隨軍轉運使一職來保障軍需和後勤。研究者似乎也承認隨軍轉運使與轉運使有前後相繼的關係，譬如范文瀾主編的多卷本《中國通史》講到，宋初，設轉運使作爲征討大軍的糧餉官，也是地方及新征服地區的財物運往朝廷的督運官，後演變爲路級財政長官，機構稱轉運使司。〔註68〕鄭世剛則按職責性能將轉運使分爲有時間性的軍事性建制和長期性的行政行建制兩種，隨軍轉運使屬於前者。〔註69〕姜漢椿也把北宋立國之初的轉運使認爲純屬軍事性質。〔註70〕李之亮也提到轉運使在宋初征戰之時，稱隨軍轉運使，後戰事漸平，諸路均置轉運使。〔註71〕謝興周更爲清晰地把轉運使的發展劃分爲三個時期，認爲宋代轉運使早期階段即隨軍轉運使。但也有學者提出異議，如汪聖鐸認爲，唐宋時因包括戰爭在內特殊需要而設置的轉運使與兩宋設於諸路的轉運使，名稱雖同，且彼此聯繫，但性質迥異。〔註72〕戴揚本也指出這種看法缺乏依據，是對隨軍轉運使與轉運使關係的誤解。他認爲，這種誤解是人們對史料的解讀有偏差，且轉運使在宋初設置並不普遍所致。經過對宋初任職隨軍轉運使人員的考述，他得出隨軍轉運使與轉運使是並行的兩種職務的結論。不過前者只是應付軍事的需要，事畢則罷。由於其在戰爭中的特殊作用，宋廷在隨軍轉運使

〔註65〕汪聖鐸：《兩宋財政史》。
〔註66〕李立：《北宋轉運使若干問題研究》，碩士學位論文，北京大學 1996 年。
〔註67〕齊濤：《巡院與唐宋地方政體的轉化》，《文史哲》，1991 年第 5 期。
〔註68〕范文瀾：《中國通史》，人民出版社，1978 年。
〔註69〕鄭世剛：《北宋的轉運使》。
〔註70〕姜漢椿：《北宋轉運使路略論》、《宋代轉運司的設官制度》，《華東師範大學學報》，1989 年第 6 期。
〔註71〕李之亮：《北宋河東路轉運使編年》，《宋代路分長官通考・前言》，巴蜀書社，2003 年。
〔註72〕汪聖鐸：《兩宋財政史》。汪氏對於彼此聯繫的解說，似乎又與後述結論相矛盾。他認爲，宋初因戰爭所設轉運使往往下轄州縣，後設於各路之轉運使似由此演化而出。

人選的考慮上，優先選擇包括轉運使在內的有主持地方行政事務經歷的官員。〔註73〕

　　轉運使路設置的變化。宋代轉運使的始置年份，史料記載不一〔註74〕，今人雖論及不多，但也是仁者見仁，智者見智。鄭世剛認爲《玉海》所載諸道置轉運使始見於乾德元年（963年）是完全可能的，在乾德四年（966年）分路設轉運使已不是個別的建置。包偉民〔註75〕、周振鶴〔註76〕、李昌憲〔註77〕等學者均徵引《玉海》的有關材料作爲宋代轉運使始置年份的證據。而戴揚本在對比《太宗實錄》、《東都事略》、《宋史》後，發現，《玉海》所言沈義倫任京西轉運使，實爲陝西轉運使，而所謂「諸道置轉運使始見」乾德元年的記載，並不能作爲一種史實的歸納而用來佐證轉運使的始置時間。應該將其理解爲《玉海》作者所見最早有關轉運使的資料，似乎更能反映著者的意圖。〔註78〕這也是一家之言。姜漢椿考察宋代轉運司的設官制度，認爲從宋初設轉運使到轉運司官員的設置形成較爲完備的制度，經歷了相當長的逐步完善的過程。宋代轉運使開國伊始即置，步入正規是乾德三年，都轉運使初設於太平興國四年，轉運副使和判官始置於開寶五年，並對轉運使屬官的設官情況做了概述。謝興周同樣並未籠統地認爲轉運使是在何時開始設置，他依轉運使、轉運副使、判官、都轉運使等職官分述各自設置的時間，結論與姜文出入不多，個別有所不同。他認爲，主轉餉的轉運使（即隨軍轉運使）設於建隆元年，主錢穀的轉運使設於乾德元年至三年間；轉運副使始置於開寶五年；判官初設於開寶五年；都轉運使則在端拱元年開始設置。〔註79〕鄭世剛認爲，北宋轉運使發展階段大致爲，至道三年爲十五路，天禧析爲十八，元豐又析爲二十三，宣和末年則爲二十六路。〔註80〕姜漢椿對北宋轉運使路的分合以及北宋轉運使路制度的沿革軌跡做了一些新的闡釋，認爲其沿革軌跡應是至道十五路，天禧——元豐十八路，宣和二十一路，與通常所認爲至道十五路，天禧十八路，元豐二十三路，宣和二十六路有所不同。他指出，《宋史·地理志》所載元豐二十三路，

〔註73〕戴揚本：《北宋轉運使考》。
〔註74〕《宋史紀事本末》認爲是乾德三年三月，《玉海》言爲乾德元年正月。
〔註75〕包偉民：《宋代地方財政史研究》。
〔註76〕周振鶴：《中華文化通志·地方行政組織沿革》。
〔註77〕李昌憲：《宋代轉運司治所考述》，《文史》，2001年第2輯。
〔註78〕戴揚本：《北宋轉運使考》。
〔註79〕謝興周：《宋代轉運使之建置及其在路制中之地位與影響》。
〔註80〕鄭世剛：《北宋的轉運使》。

實際上包括了提刑和提舉路在內，剔除這些，天禧——元豐比較長期和穩定的是十八路轉運使之制。他指出元豐後轉運司路未再分路的事實，《宋史・地理志》中所記宣和二十六路，實爲二十一路，在十八路轉運使外，只增京畿、燕山府和雲中府三路，別無其它。〔註81〕王文楚則逐路對北宋轉運使建置、分合進行了敘述。〔註82〕李之亮更爲詳細地申述了兩宋轉運使司置司的具體情況〔註83〕，很有參考價值。戴揚本則揀史家少言的淳化十道之制對轉運使路進行了補充說明，並分析了淳化十道之制曇花一現的原因。〔註84〕

　　由於史料本身記載不清晰，加之宋代設置路分轉運使的意圖各異，且設置常有變化，因此，關於轉運使的設置變化仍然是一個值得推敲的問題。同時宋代轉運使路的設置與軍事性質的安撫使路的設置存在何種關聯，似無人做進一步討論。

（三）關於宋代轉運使司的組織機構

　　轉運司的治所。宋代轉運使設置之初，並未有固定治所。治所的確定也是轉運使司發展過程中的重要環節。釐清轉運使司治所所在，亦可明瞭各路轉運使司的遷徙狀況。王文楚以北宋元豐二十六路爲準，分路論述轉運使司的治所遷徙，認爲《宋史地理志》、《元豐九域志》、《輿地廣記》中首列府州即轉運使司的治所。李昌憲對王文所談到的福建路、河東路、京東路、京西路的治所所在提出商榷。他指出首州不一定就是轉運司治所所在之地，兩者並無必然聯繫。同時在研究中，要充分注重路級監司的特性，慎重選擇史料。〔註85〕在此基礎上，李昌憲對宋代轉運司的治所進行了全面的考述。〔註86〕謝興周揀重要之路分論述南宋轉運使的治所。〔註87〕戴揚本在上述兩位學者研究的基礎上，以天禧十八路爲準，或摘訂其訛，或填補新的史料，對轉運司的治所作進一步的補訂。〔註88〕

〔註81〕姜漢椿：《北宋轉運使路考略》，《華東師範大學學報》1992 年第 2 期，第 50 頁至第 57 頁。另見人大複印資料《中國古代史（二）》（宋遼金元史）1992 年第 3 期。

〔註82〕王文楚：《北宋諸路轉運司的治所》。

〔註83〕李之亮：《宋代轉運使司置司考述》，《文史》，2004 年第 1 輯。

〔註84〕戴揚本：《北宋轉運使考》。

〔註85〕李昌憲：《也談北宋轉運司的治所》，《中國歷史地理論叢》，1992 年第 2 期。

〔註86〕李昌憲：《宋代轉運司治所考述》。

〔註87〕謝興周：《南宋轉運使的治所》，《大陸雜誌》第八十八卷第二期，1994 年。

〔註88〕戴揚本：《北宋轉運使考》。

　　轉運使的組織建構和員額任用。鄭世剛認爲轉運使組織編制本無定制，且人員名額也往往因時、因地、因事之繁簡而建置。通常各路置使一員，重要路分或重要經濟區域，則配置兩員。副使和判官備無常制。轉運司編制員額也是諸監司中組織規模最大的。轉運使及其屬官任職的資歷品秩上，至哲宗時始有明文規定。路分地位不同，轉運使的任職品秩條件也不同，路分越重要，則所需的任職品秩要求越高。都轉運使則需兩省五品以上者充任。〔註89〕謝興周通過選除途徑、任用方式、任用條件與規限、任期、俸給、品位、輿服、中央考課、遷升途徑等九方面對宋代轉運使的任用制度作了詳備的論述。從他的論證中，可以看出宋代對於轉運使任用在制度設計上極爲詳密嚴謹。〔註90〕在員額確立上，謝興周認爲，宋代轉運使、副使、判官之員額的變化經歷了五個階段。宋初，隨軍應付，員額不定，大體一到二員。太宗分路而治，除河北等特定路分爲二員外，其餘皆置一員。後增設一判官，每路演變爲二員制。神宗改革時，轉運使規模大增。到哲宗，復置一員，除河北三路外。到南宋又行二員制。都轉運使大抵一至二員，且所置路分不多。〔註91〕苗書梅考察了轉運使奉辟屬官的制度，並分析了在定差法和權攝官制度下，轉運使對地方吏治的影響、〔註92〕李立認爲，作爲實施行政功能的載體，轉運司隨著社會的演進漸趨組織化和制度化。不過，直到北宋末年轉運司也沒有達到一級地方政府所需的組織形式。〔註93〕李之亮畢數十年之功，遍揀資料，完成包括轉運使在內的宋代所有路分長官的考述，用力之勤，令人欽佩。〔註94〕

（四）關於宋代轉運使司的職能

　　學界對於轉運使司的職能論述比較集中和詳細。其中既有對轉運使職能的總論，也有側重某一方面深入探討轉運使職能的。總括而言，宋代轉運使職任至重，其職能範圍涵蓋了財政、監察、點檢刑獄、治安、邊防、民政、文化等諸多事務。

〔註89〕 鄭世剛：《北宋的轉運使》。
〔註90〕 謝興周：《宋代轉運使之任用制度》。
〔註91〕 謝興周：《宋代轉運使之建置及其在路制中之地位與影響》。
〔註92〕 苗書梅：《宋代官員選任和管理制度》，河南大學出版社，1996年。
〔註93〕 李立：《北宋轉運使若干問題研究》。
〔註94〕 李之亮：《宋代路分長官通考》。

鄭世剛通過經度財賦、按察部內官吏、兼預部內刑憲、參與邊防軍機、處理民族事務以及處理其它政務和文化事業探討轉運使的職能。〔註95〕許懷林亦圍繞上述幾個方面論述轉運使的職能。〔註96〕李立在張希清教授指導下撰寫的碩士學位論文對北宋轉運使的有關問題作了研究，於轉運使的職能提出一些頗有新意的看法和意見。他從轉運使主要的兩個職能理財和監察入手，指出理財與監察是轉運使職能的內在矛盾，因為二者的目標和取向有著根本的不同，其研究對筆者頗有啓發。他觀察到轉運使職能行使的矛盾是獨到之處，不過也存有缺憾，即對於這種矛盾發展變化，還語焉不詳。〔註97〕謝興周對宋代轉運使職能的研究相當詳備。他分隨軍應副、巡行按部、部官薦用與考劾、財務、文教事務、司法、軍事等諸項對宋代轉運使的職權作了相當全面的考述，所涉及的細目則多達數十種。值得注意的是，謝興周對宋代轉運使不預軍事的看法重新加以考慮，認為宋代某些路分轉運使擁有領兵馬事之權責，某些路分轉運使雖不參軍機，不領軍權，然亦不說明他們不參軍旅之事。〔註98〕不過，宋代轉運使之軍事權力並非常置，而且具有階段性和區域性的特點。

汪聖鐸和包偉民強調了宋代轉運使的理財職能，都關注到轉運使司在宋代地方財政中所發揮的作用。汪聖鐸在述及宋代地方財政時，認為轉運司的財政職能大體上可以歸結為兩個方面，一為監督府州軍監財政，催促和辦集綱運；二為計度本路及所屬府州軍監財賦收支，平衡本路財計。路分財政在一定意義上就是轉運司財政，理財是轉運司最基本和最主要的職責，其它事務實際上都是通過理財而得以實現的，諸如監察。轉運使在財政具有雙重身份，它既是朝廷在地方的代表，又是地方財政的體現者。對中央，轉運使要保證朝廷的財賦供應，確保中央的財政政策在地方的落實。對地方，轉運使則要計度本路財賦、平衡本路財計，因此轉運使既是漕司，又為外計。〔註99〕王洪信、劉鳳茹認為，轉運使是中央派往地方的特使，其重要職責在於調節中央財政和地方財政的關係，而不是計度本路財賦。依據在於汪聖鐸所舉三邊財政即陝西、河北、河東三路財政在整個宋代財政管理體系中佔據特殊的

〔註95〕鄭世剛：《北宋的轉運使》。
〔註96〕許懷林：《北宋轉運使制度略論》。
〔註97〕李立：《北宋轉運使若干問題研究》。
〔註98〕謝興周：《宋代轉運使之職權》。
〔註99〕汪聖鐸：《宋代地方財政研究》、《兩宋財政史》。

地位，因此三路轉運使的職能格外重要，但是這不代表其它諸路轉運司也具有這樣的職責。他們認為，轉運司是中央財政與地方財政的中介。而且，到了南宋，隨著中央財賦的極度困窘，轉運使日益成為中央在地方收斂財賦的工具。〔註100〕對於轉運司在財賦調撥上所起的作用，王、劉僅注意到轉運司向中央計司建言的權利，卻忽略了中央計司對於地方財賦調撥的額度依據仍是來自轉運司的計度。包偉民透過轉運司與州軍財政的關係分析轉運使的財政管理職能。他認為置轉運使以掌一路之財政對於州軍財政管理的主要意義，在於形成了一個比中央計司更直接、更具體、更貼近的督責機構，從而強化中央對地方的控制。這一點通過轉運使足上供、足郡縣之費以及作為監司歲行所部，檢察儲積，稽考帳籍的功能得以充分體現。在這些職責的實施過程中，逐漸形成宋代路分財政區。〔註101〕

監察職能是宋代轉運司的重要職能之一，金圓認為宋代監司是多元化結構，其中以轉運司設立最早，時間最長。而這種多元化的結構，又造成監司之間在監察的具體操作上形成互相掣肘的局面。他指出監司在職能上兼有行政和監察的雙重性。而且，中央王朝一直沒有放鬆對監司的監督、牽制和遙控。〔註102〕

屈超立重點考察了宋代轉運司的司法職能。司法審判是宋代轉運司職能中的一項重要內容，在提刑司設立以前，轉運司是地方最高審判機構，在提刑司設立以後，提刑司成為監司中最重要的刑事審判機構，但轉運司除了有權審判不服提刑司判決的刑事案件之外，仍然是監司中最重要的民事審判機構。〔註103〕

（五）關於宋代轉運使司與路級其他機構的關係

轉運司是宋代設置最早，設置時間最長的路分機構之一。同時宋朝也先後設置了其它路級監司，如提點刑獄司、提舉常平司。且宋代官制紊亂，尤以地方為甚。路級區劃即有安撫使、轉運使、提點刑獄官及提舉常平官之設，地方上則有府州軍等建置，轉運司必與上述機構發生聯繫。下面對論者就轉運使與安撫使、提刑、提倉關係的論述做一撮要。

〔註100〕王洪信、劉鳳茹：《宋代轉運司論略》，《邢臺師範高專學報》，1997年第1期。
〔註101〕包偉民：《宋代地方財政史研究》。
〔註102〕金圓：《宋代監司制度述論》，《上海師範大學學報》，1994年第3期。
〔註103〕屈超立：《論宋代轉運司的司法職能》，《浙江學刊》2003年第4期。

　　有宋一代轉運使權重位顯，在宋廷極爲追求中央集權的歷史條件下，中央既賦予轉運使多種權力，同時也採取種種措施對其進行嚴格的考課、監督，從而達到對其制約和牽制的目的，以防形成轉運使尾大難調的局面。因此一路之上，監司並行，互成掣肘，宋廷對於轉運使司的考課與監督所採取的措施不僅可以看作中央對轉運使權力的限定，也可以從一個側面視爲轉運使司同其它監司間關係的反映。許懷林指出，宋朝製定了關於轉運使嚴格具體的考課制度，設置其它機構來牽制轉運使，而且頻差專使，撇開轉運使，御筆從事。〔註 104〕鄭世剛認爲轉運使的考績制度，除了一般官員的磨勘制度外，還有特殊的具體考覈措施。如令部內知州通判批書，報審官院以爲殿最；各監司間互相檢察；朝廷差官點檢以及任滿向朝省彙報考績聽候考校等政策。〔註 105〕鄧小南在對宋代任官制度的論述中，注意到宋代對於轉運使的考覈管理極爲重視，她在宋代職官制度中的銓選和磨勘問題中，對於轉運使一職在考覈和遷轉方面的職責，以及轉運使自身的考覈、遷轉等相關問題，做了十分細緻深入的研究，見解深刻，分析透徹。〔註 106〕謝興周則考察了宋代對於轉運使考課的動態過程。他將轉運使考課之法的發展分爲四期，第一期爲眞宗咸平二年（999 年）前，此期無考課之法；咸平二年始立考課之法，是爲第二期，此期爲轉運使考課最爲明確的時期；第三期居於仁宗慶曆八年（1048 年）廢賞罰考課法後至神宗年間，此期行分察考法；第四期即南宋年間，此期則又以隨時隨考之法。各時期又以歷史條件的不同，而確立不同的考課依據和側重點。〔註 107〕苗書梅也將視角放置在考課制度的歷史發展方面，認爲宋代對於轉運使考課制度日益規範和詳明。〔註 108〕方寶璋則選取財經監督的角度，對中央監察轉運使的制度進行論說。他認爲在縱橫交錯的財經監督網絡中，從監督內容上，轉運使在財務收支、財經法紀和經濟政績方面接受監督、按察和考覈；從組織系統上，轉運使受到其上司、同僚，以及下屬的監督。宋代對轉運司既倚重又不使越軌。正是因爲在財經上受到監督和制約，宋代轉運使既沒有成爲漢唐的刺史和節度使，也不像清

〔註104〕許懷林：《北宋轉運使制度略論》。
〔註105〕鄭世剛：《北宋的轉運使》。
〔註106〕鄧小南：《宋代文官選任制度諸層面》，河北教育出版社，1993 年。
〔註107〕謝興周：《宋代轉運使之任用》。
〔註108〕苗書梅：《宋代官員選任和管理制度》。

朝的總督巡撫。〔註109〕包偉民也看到儘管轉運使能夠移盈補缺，均濟財賦，但是中央政府對其有著嚴格的約束。譬如對於轉運司直接經管的財物的嚴格規定，對於轉運司移用財賦的額度的明確規定等。這集中體現了轉運司的性質和它們同地方財政之間的關係。〔註110〕從整體而言，宋代對於轉運使自任用至考課，都建立起一套頗為精細的制度體系。

　　轉運司與宋代其它並立監司以及與安撫使關係的論述尚少有專文研究，就現有觀點而言，大多都認為宋代自轉運司後設立其它監司旨在分割轉運使的權力，分權制衡佔據主導地位，這是中央王朝監督制約轉運使的主要手段之一。如鄭世剛、許懷林、戴建國、屈超立等人的研究。李立則認為，轉運司和提點刑獄司在職能上看，轉運司不僅保留了司法權，而且由於提刑司兼職過重，倒是轉運司分擔了提刑司的部分兼職，因此反觀提刑司的設置，與其說是鑒於轉運使權力過重以分其權，不如說是擴展了轉運使的司法職能。〔註111〕這裏，李立強調了轉運司與提點刑獄司相互聯繫的方面。謝興周從職能、敘官、工作等方面對轉運使與提點刑獄司和提倉司進行了比較，認為，提刑和提倉在宋代時置時廢，職事往往為轉運使所監管，且提點刑獄事，轉運使亦分掌之，覆審權長期掌於漕使，而提倉在神宗後，地位始終在提刑之下，故在諸監司中，以轉運使職權最重，地位最高。他的最終目的要試圖申述轉運使在兩宋路制建構下，長期以來都是地方上最高的行政長官。〔註112〕對於學界一般認為，在元豐改制以後，除奏讞案件外，提刑司擁有一切案件的終審權，提刑司是一路的最高司法機構。李立注意到在司法權限的某些方面，相當長的一段時間裏提點刑獄並未能超越轉運使。〔註113〕屈超立認為這種看法值得商榷。屈超立明確指出王雲海所認為的冤民申訴到監司時，是先經轉運司，轉運司不受，再經提刑司陳訴的觀點〔註114〕是沒有區分民事案件和刑事案件，如果是民事案件，這種說法是成立的，如果是刑事案件，情況恰恰相反。因此他認為，從民事審判的角度來看，即使是元豐改制以後，轉運司

〔註109〕方寶璋：《宋代在財經上對轉運使的監督》，《中國社會經濟史研究》，1993 年第 3 期。

〔註110〕包偉民：《宋代地方州軍財政述略》、《宋代地方財政史研究》。

〔註111〕李立：《北宋轉運使若干問題研究》。

〔註112〕謝興周：《宋代轉運使之建置及其在路制中之地位與影響》。

〔註113〕李立：《北宋轉運使若干問題研究》。

〔註114〕王雲海：《宋代司法制度》。

也依然是一路的最高審判機構，提刑司非但不擁有民事訴訟案件的終審權，而且對民事審判案件的審判權還遠遠不及轉運司。〔註115〕

設置於熙豐變法時的提舉常平司，傳統觀點依然認爲其在職能上分割了轉運使的財權。如鄭世剛認爲轉運司和常平司分爭財權。〔註116〕紀凡的研究卻使我們有了新的認識，他指出，熙豐以後，所謂的「轉運司獨用民常賦與州縣酒稅之課，其餘財利悉收常平司」的認識是錯誤的。他從鹽利收入、酒利收入、坑治收入入手分析，認爲，熙豐改革以後，提舉司只是單純的財政收入組織結構，沒有財政分配的權力，而轉運司則不然，它不但是一個財政收入機構，而且也是一個財政分配的主管機構。熙豐後，鹽政不再由轉運司主持，而由提舉常平司專管，但是，舊日轉運司所得鹽額錢，仍由提舉司照額撥還。在鹽利上，轉運司舊日的收入並未減少。崇寧以後，鹽利既不在轉運司，也不在常平司，而盡歸榷貨務所有。改制後，常平司酒利只是對撲買者所課的新稅，即買名錢，轉運司在酒利上的所得較之往日也無減少，課利錢歸轉運司，淨利錢歸常平司的基本格局也未改變。而且，通過坑治收入的分隸情況來看，常平司也並未侵奪轉運司舊有的事權。〔註117〕

路分機構中安撫使和發運使均不爲監司，兩者的職權也與漕司不同。安撫使責在統兵，發運使總江淮歲漕糧資之綱條。目前的研究對轉運使與此二司的關係也做了探討。謝興周認爲，此二司雖在品位上稍高於轉運使，但在體制上互不相屬，兩使亦不影響漕使在一路中所掌之最高權力。具體而言，安撫使只管兵，不問民事，在官制上，安撫使與轉運使關係互不統屬，到南宋時期，出現軍事政府，轉運使轉變爲其屬員，才失去地方最高長官的地位。發運使在官制組織上，與轉運使不相統屬，工作性質亦不同，轉運使負責集辦糧資，發運使負責轉漕京師。雖發運使有按劾轉運使之權，並非因其統屬地位，而是發運使有催發六路上供錢物，以防諸司移用之權。〔註118〕李曉從政府購買的職能角度探討宋代的發運使，其間涉及到發運使與轉運使的關係問題，他認爲，發運司的政府購買職能不是與生俱來的，而是伴隨著轉運司的地方化，圍繞著保障對京師上供這個核心，而且爲了代替轉運司完成上供，發運司將糴糧業務與代發制度相結合。這既分割了原屬轉運司的購買業務，

〔註115〕屈超立：《宋代地方民事審判職能研究》。
〔註116〕鄭世剛：《北宋的轉運使》。
〔註117〕紀凡：《北宋戶部體制的結構與功能》，《河北學刊》1992年第1期。
〔註118〕謝興周：《宋代轉運使之建置及其在路制中之地位與影響》。

也增加了政府購買在上供中的比重。〔註 119〕戴揚本在其博士學位論文最後提及轉運使與安撫使的關係問題，不過著墨不多。他論述的角度是選取陝西、河東、河北三個宋代比較重要的路分來分析二者的關係。認為上述路分轉運使尤其是陝西路轉運使，隨著形勢的變化，其威勢已經遠不及此前的轉運使或與此同時的其它路分轉運使，原因在於轉運使自身的權限在用兵期間發生的變化。經略安撫使的職責，雖「掌一路兵民之事」，但仍以與軍務相關的事務為主，進入戰爭狀態，為保證行政的高效率，則漸已涵蓋了行政管理的內容。〔註 120〕戴揚本的論述仍定位於安撫使路的地位提升，亦是轉運使權限受到限制的層面。

（六）關於宋代轉運使司的歷史地位

針對宋代轉運使司的歷史地位，就有宋一代而言，大多數研究者認為轉運使制度對於加強中央集權，防止「節鎮太重，君強臣弱」局面的出現，消除內患，保持宋王朝的統治鞏固發揮了不可忽視的作用，然而其消極作用在於，宋朝一味地追求中央集權，造成地方權限空間狹窄，過分強調內重外輕，造成地方在經濟上只能增收，而無力開源，軍事上雖無法背叛中央，但也無法具備強有效的對外防禦和對內治安的能力，似有矯枉過正之感。即如許懷林所言：「趙宋王朝雖然沒有被權臣所篡奪，卻為自己的獨裁專制所斷送，開幕時避免了五代短命的厄運，終場時卻重演著後晉帝王為囚俘的悲劇」。〔註 121〕謝興周則給予宋代轉運使歷史地位以極高的評價，認為宋代轉運使一職，於吏治之清濁，民生之貧富，國庫之盈虛，邊防之振弱，藩鎮之消長，州郡政局之好壞乃至天下之治亂，都有深遠的影響。〔註 122〕若縱觀整個中國古代社會，學者們則普遍承認宋代轉運使司制度是自漢代部州刺史向元代行省制度演變進程中的重要一環。曾繁康認為宋代路的安撫、轉運、提刑、提舉諸使之各自為政，尤可認為乃宋代以後，地方分權制度的肇始。元代地方行政，大抵與宋制相同。〔註 123〕江曉敏則從中央和地方的關係，在宏觀考察路級監司作為諸權力在中央與地方分配中的樞紐和工具，路級監司兼職監察是中央

〔註 119〕李曉：《宋朝江淮荊浙發運司的政府購買職能》，《中國社會經濟史研究》，2004 年第 2 期。

〔註 120〕戴揚本：《北宋轉運使考》。

〔註 121〕許懷林：《北宋轉運使制度略論》。

〔註 122〕謝興周：《宋代轉運使之建置及其在路制中之地位與影響》。

〔註 123〕曾繁康：《中國政治制度史》，華岡出版有限公司印行，1979 年，第 160 頁。

控制地方的有力舉措以及路級監司分立並存，便於中央居上總領等路監司並立制下的中央集權特徵的基礎上，認爲元代行中書省、明代的三司分立之行省制及清代的督撫行省制，都是在繼承和改進了宋代路級機構的基礎上設置的。〔註124〕包偉民認爲宋代轉運使制度的確立直接導致了宋代路分財政區劃的形成，而這一點，無疑是中國傳統帝制時期地方政區演變過程中最爲重要的步驟。〔註125〕

三、對宋代轉運使研究成果的幾點思考

綜觀上述研究，針對宋代轉運使的研究成果可以說相當豐富，無論是專題性的研究還是相關性的研究，已涉及到宋代轉運使的諸多方面。通過這些研究，我們可以清晰地瞭解到有關宋代轉運使的具體制度和設計框架，而且學界已經注意到唐宋時期，由於社會經濟條件的變化，財賦制度的變更，無論是統治方式，還是地方政治制度方面，都已經或者正在發生巨大的變化，與此相適應，轉運使制度也發生著變化。

在制度史研究中，具體制度的考訂誠然重要，但是如果忽視了對制度本身運行機制和實施狀況的關照，那麼對制度所做的研究也只能是淺嘗輒止，留有遺憾。「單研究制度本身而不貫通之於當時之史事，便看不出制度在當時之實際影響。」〔註126〕因爲「制度不是靜止的政府型態與組織法，制度的形成及運行本身是一動態的歷史過程，有『運作』，有『過程』，才有『制度』，不處於運作過程之中也就無所謂『制度』。」〔註127〕所以，如何在制度解說中展現活生生的歷史現實，依然是研究者所關注的方向，對於轉運使的研究也不例外。有研究者把目光聚焦於轉運使職權具體運作的狀況〔註128〕，雖然只是在這方面的初步嘗試，卻對轉運使職權得出一些嶄新的認識。

從時段上而言，儘管研究者努力試圖從宏觀上勾勒整個宋代乃至由唐入宋轉運使制度變遷的軌跡，但是遺憾的是，多數研究詳於對北宋轉運使制度的論說，略於對南宋轉運使狀況的探討，突出了重要路分轉運使履職

〔註124〕李治安：《唐宋元明清中央與地方關係研究》，南開大學出版社，1996年，第165～170頁。
〔註125〕包偉民：《宋代地方財政史研究》。
〔註126〕錢穆：《中國歷史研究法》，第33頁，三聯書店，2001年。
〔註127〕鄧小南：《走向「活」的制度史》，《浙江學刊》，2003年第3期。
〔註128〕李立：《北宋轉運使若干問題研究》。

狀況的分析，而缺乏整體的考慮，從而無法準確把握有宋一代轉運使在路分及中央和地方關係中所扮演的角色。有研究者已經開始注意對於宋代轉運使的認識，不但在時間上要區分，在不同的區域也要加以分辨，籠統的概括只能造成對轉運使制度認識的錯覺。如陳璋考察了南宋初年四川都轉運使的實際財政措施，及其與宣撫使之間的磨擦，從而反映南宋初抗金期間之若干難題。因此，由短靜態向長靜態發展，並且重視長靜態的動態過程，尤其是明晰由唐入宋轉運使制度的變化，盡可能澄清不同路分中轉運使的作用，從而避免「一葉知秋」可能造成的武斷，也應該成為今後宋代轉運使制度研究的目標。

如果從研究觀念和研究方法上來看，在某些問題上統一認識是必要的，然而卻要避免這些成為定論的意見變為進一步研究的藩籬，即無需「先橫亙一理論與胸中」，而落入其窠臼。譬如有學者指出，對於轉運使制度的研究，在某些方面論者還是先持有若干先入為主的基本觀念，如轉運使制度的產生發展，率從宋朝加強中央集權著眼；對於轉運使制度與其相關的其它制度的關係論述上，也多從分權制衡入手；對於制度所產生的弊病，也多歸罪於吏治的腐敗或某一階層的問題，過於簡單化。不可否認，宋代轉運使制度確乎存在上述問題，而如果轉換視角，在已有的觀念基礎上，對史料進行重新的解讀和整合，應該會對宋代轉運使這一研究對象產生一些不同以往的看法，進一步而言，或許我們可以不僅僅只置身於轉運使制度本身，而應站在轉運使制度之外來觀察，這樣形成的認識可能更賦有全局感和客觀性。在方法論上，傳統史學的研究方法同樣在轉運使制度研究中得到很好的運用，而一些研究者也逐步借鑒其它人文社會科學諸如經濟學、政治學等學科的研究方法，但為數不多，原因在於一方面現代社會科學理論和方法引入國內還需有一個評介、消化、融會的過程，另一方面，對如何運用這些理論和方法於中國古史研究，學者們仍持審慎的態度，這種嚴肅的態度確保了我們對於包括宋代轉運使制度在內的宋代制度史研究上不會因為生搬硬套而造成的似是而非。但我們還是需要銳意的進取和大膽的嘗試，而不是舉步不前，要看到思想的碰撞與交流，多元的良性互動對於認識歷史事物的裨益，如此以來，可以在相當程度上不會出現事倍功半的重複勞動。

要言之，宋朝轉運使制度作為唐宋社會變遷的一種產物，其具體職責隨著宋朝政治、財政、經濟、軍事等形勢的變化，在不同時期、不同地區有所

不同，其履職狀況對於中央政權、地方經濟的影響也比較複雜。如何深入具體地探討宋朝轉運使的職責及其各方面的社會影響，仍然留有很大的研究空間。

四、本文的基本結構、研究方法與史料說明

如前所述，學界在財政、職官、民政、司法諸方面對轉運使都有較高質量的學術探索。借助於已有學術成果，通過史料的翻檢，本文考慮從地方控制的角度，選取宋代轉運使的幾個側面對轉運使在宋代社會的歷史作用做一梳理。

本文採用的「地方控制」概念，指的是中央政府對地方政府的控制，實質上就是中央政府運用國家權力對地方政府行使國家權力進行監督和制約，以維護國家的統一和政權的穩定。〔註 129〕有效控制地方是包括宋代在內，中國歷史上各朝代社會控制所追求的目標。地方控制亦爲中央和地方關係之關結點。本文所關心的是，宋代在職官制度設計上，制度自身運作過程中，以及財政體制變遷中，轉運使同地方控制之間的相互關聯。研究方向上可能更多的側重於財政史和職官制度的論述，研究方法上依然遵循歷史研究的實證方法，在最大限度的佔有材料的基礎上，通過史料的解說，歸納提出一些不成熟的看法。在能夠利用其他學科的理論來支持觀點說明時，對於理論的採用也儘量避免生搬硬套，力求概念的清晰。本文的謀篇佈局如下：

第一章《緒言》論述學術史、本選題意義、個人對選題的思考等問題，交待文章基本結構、研究方法，以及相關材料說明。

第二章《宋代轉運使的組織性質問題再探》從中央政府和地方政府的關係入手，通過闡述宋代轉運使設置的歷史背景，分析轉運使的主要職能，考察轉運使與並立監司之間的互動關係，闡明筆者所認爲的宋代轉運使具有中央政府派出機構的組織性質的觀點。

第三章《宋代轉運使履職方式與地方控制》以巡歷制度爲重點，論述轉運使履職的具體方式，討論宋代轉運使制度運作過程及其對地方控制的影響。重點在於闡述轉運使巡歷制度及其對地方控制的實際效果。

〔註 129〕參見胡盛儀：《論地方政府與中央政府關係中的控制與合作》，《黨政幹部論壇》，2004 年第 3 期。

第四章《宋代監司並立與地方控制》以轉運使與提刑司、提舉司的關係
爲考察中心，闡述宋朝中央建立監司並立制度是出於分權制衡和行政實務的
兩方面考慮，並分析監司並立制度對地方控制的雙重影響。

第五章《結語》對全文觀點作出歸納和總結。

宋代以文事極隆而著稱，宋代史學的發展可以說是中古社會的高峰。官
修史籍已具相當規模，而私人撰述也是精彩紛呈。天水一朝的史學研究盛況
在歷朝歷代中都是一顆耀眼的明珠。從史料來看，述之要者，《續資治通鑑長
編》繫年，《宋會要輯稿》繫事，《宋史》繫人，文集述及時人所思、所想、
所言、所行，同時筆記小說更有對史事補正的效果。不過作爲二十五史之一
的《宋史》，元人倉促修纂，就宋朝國史，「稍爲排次」，〔註130〕綴拾成文。儘
管它保存了不少原始信息，但是由於缺乏製作、貫通、琢磨，不免會遭「漫
無統紀」〔註131〕之譏，「繁蕪」〔註132〕之評。《宋史·職官志》對於宋代轉運
使的記載寥寥數語，僅以「掌經度一路財賦，而察其登耗有無，以足上供及
郡縣之費；歲行所部，檢察儲積，稽考帳籍，凡吏蠹民瘼，悉條以上達，及
專舉刺官吏之事」概述轉運使的職能，且在記述年代上從熙寧始，於宋初轉
運使種種名目視而不見，不知是何緣故。雖說元人自稱「類而書之，先後互
見，作《職官志》，以至廩給、傔從，雖微必錄，並從舊述」，〔註133〕可惜在
轉運使的記載上卻疏略如此。難怪鄧廣銘先生會說：「以史學最盛之朝，其典
章制度乃僅得此等拙劣之史志以傳後，斯可憾已。」〔註134〕幸宋代自有關於
宋代職官制度之典籍傳世，後有史家屢對《宋志》有考訂、校勘，今人則推
鄧廣銘先生和龔延明先生爲著。鄧廣銘先生對於《宋志》考訂創「立柱架梁
之功」〔註135〕，龔延明先生賡續其業，兩位先生的校讎成果亦爲宋代職官制
度研究之重要取資，惠澤後學。

然通觀整個宋代，對於南宋史料的蒐集相對於北宋而言存在一些困難，
編年體史書除宋高宗和宋孝宗兩朝外，餘下都顯簡略，對於南宋史事記載《宋

〔註130〕 趙翼：《廿二史札記》卷二三，《宋史多國史原本》。
〔註131〕 （明）陳邦瞻：《宋宰輔編年錄·序》。
〔註132〕 趙翼：《廿二史札記》卷二三，《宋遼金三史重修》。
〔註133〕 （元）脫脫《宋史》卷一六一，《職官志一》。
〔註134〕 鄧廣銘：《〈宋史職官志〉考正》，《中央研究院歷史語言所集刊》第十本，商
務印書館，1948年。
〔註135〕 龔延明：《宋史職官志補正》，《序論》，第13頁，浙江古籍出版社，1994年。

會要輯稿》又不是十分完備，其餘史籍也是語焉不詳，因此這也造成對很多史事的論述都會前詳後略，本文也無法擺脫這一困擾，因此對於南宋轉運使的狀況文章雖努力照顧，但還是不盡如人意。

　　由於宋代史料繁多，筆者雖然有意最大限度的獲取文獻支持，卻囿於修業時間和個人精力，不得不限定範圍去「竭澤而漁」，這使本文尚有不少方面不及深入和展開。這篇習作所存闕失和遺憾之處多多，於初期設定的研究目標還相去不少距離，修改增補只能俟以來日。

第二章　宋代轉運使的組織性質問題再探

　　宋代在路級機構上設有四司，即轉運司、提點刑獄司、提舉常平司和安撫司。前三者被統稱爲「監司」。其中又以轉運司（使）職責爲最重，且影響也最大。有學者即稱其對宋代吏治之清濁，民生之富貧，國庫之盈虛，邊防之振弱，藩鎮之消長有著舉足輕重的作用。〔註1〕對於宋代轉運使的性質問題，迄今學界仍莫衷一是，存有爭議，或認爲宋代轉運使是中央的派出機構，或認爲轉運使是宋代地方最高行政長官，或指出宋代轉運使存在地方化的演變過程等。〔註2〕轉運使對宋代中央集權和地方的社會經濟影響複雜，是一個相當重要的權力機構，因此對其組織性質的探討仍需進一步深入。筆者不揣鄙陋，基於前賢時人的研究，試對此問題申述已見。

一、古代中央集權體制下中央政府與地方政府的關係界說

　　如前所述，目前關於宋代轉運使的組織性質的爭議，主要圍繞轉運使在宋代究竟是作爲中央政府派出機構，代表中央處理地方事務，還是作爲地方一級政府維護地方利益而展開的。所謂政府，按照現代政治學的定義，可以表述爲：第一，政府是治理的行動或過程；第二，政府是治理的機關、權威和功能。因此政府是制度實施和組織體系的統一體。地方政府亦即在特定地

〔註1〕謝興周：《宋代轉運使之建置及其在路制中之地位與影響》，《東吳歷史學報》，1997年第3期。

〔註2〕在第一章學術史回顧中亦有敘述，可參考。

理區域內行使治理權的制度或組織。〔註3〕但是這種地方治理權在集權或分權的體制下表現形式不同。傳統中國長期實行中央集權的統治模式，中央的問題和地方的問題在本質上沒有差別，地方統治權基本上集中在中央政府，各項地方事務均由中央統籌和主導，地方政府主要是負執行之責。中央政府不僅主導地方事務，而且經常指派中央官員至地方統籌各地方機關的運作，地方政府只是基於中央法令，扮演「執行」的「代理人」角色。不過，若說古代中國在中央集權體制下地方政府沒有任何自主權，則也未免絕對。地方政府在行使用權治理權時不可避免地要考慮當地民眾的特定利益，從而採取必要的措施來處理中央和地方的利益關係。概括地說，在中國古代即使是在中央集權的體制下，地方政府既有服從中央政府的一面，也有謀求地方自身利益的一面，從而與中央政府之間存在某種利益衝突。中央政府為了控制地方政府的政治立場，調節中央中央與地方的利益分配，採取了各種措施。轉運使就是宋代在中央集權體制下中央政府基於上述考慮而設置的一種組織機構。

二、從宋代設置轉運使的初衷看轉運使的組織性質

眾所週知，唐朝最終亡於藩鎮割據，而且藩鎮之禍波及五代十國，造成中國歷史上第二次長期分裂的局面。至宋太宗時期，全國還有三十餘處節度使。這種狀況依然是對國家統一的威脅。鑒往知今，宋朝開國伊始即著手改變「天下自唐季以來，數十年間，帝王凡易十姓，兵革不息，蒼生荼地」〔註4〕的局面。宋初的主要政治任務是如何結束唐末以來「節鎮太重，君弱臣強」〔註5〕的狀況，。在趙普的建議下，宋太祖圍繞著強化中央集權政治的想法開始糾正唐末五代以來的政治之弊，開始了對節鎮「削奪其權，制其錢穀，收其精兵」〔註6〕之策，這奠定了宋初的政治基調，也成為此後近半個世紀宋朝政治活動的主旋律。呂中談論此事時說：

> 至於五代，其弊極矣。天下之所以四分五裂者，方鎮之專地也。
> 干戈之所以交爭互戰者，方鎮之專兵也。民之所以苦於賦繁役重者，

〔註3〕呂育誠：《地方政府管理》，第6頁，元照出版公司，2001年。
〔註4〕司馬光：《涑水記聞》卷一。
〔註5〕司馬光：《涑水記聞》卷一。
〔註6〕《續資治通鑑長編》卷二，太祖建隆二年七月戊辰條。

方鎮專利也。民之所以苦於刑苛法峻者，方鎮之專殺也。朝廷命令
不得行於天下者，方鎮之專襲也。太祖與趙普長慮，卻顧知天下之
弊源在乎此，於是以文臣知州，以朝官知縣，以京朝官監臨財賦，
又置運使、置通判，置縣尉，皆所以漸收其權，朝廷以一紙下郡縣，
如臂使指，叱吒變起，無有留難，而天下之勢一也。〔註7〕

呂中對於藩鎮之弊的分析可以說切中要害，即藩鎮集軍事、財政、司法、人
事諸權於一身，形成與中央相抗衡的地方勢力。但是宋初的藩鎮與唐末五代
的割據藩鎮有著本質的不同，大多數情況下宋初藩鎮已不是割據型的藩鎮，〔註
8〕在軍事實力上的表現爲著。建隆元年（960年），太祖「破上黨，取李筠，
征維揚，誅李重進，皆一舉蕩滅，知兵力可用，僭僞可平矣。」〔註9〕由此可
知，眞正有實力挑戰中央的藩鎮此時已寥寥無幾。因此，要徹底地消除藩鎮
之弊，且最終削除藩鎮，根本上要在經濟上切斷其賴以存在的基礎，即「制
其錢穀」。這一點，朱熹說得再明白不過，他認爲：

　　然自唐末，大抵節鎮之患深，如人之病，外強中乾，其勢必有
以通其變而後可。故太祖皇帝知其病而疏理之，於是削其支郡，以
斷其臂指之勢；……立倉場庫務之官，以奪其政；……立倉場庫務
之官，以奪其財；嚮之所患，今皆無憂矣。〔註10〕

於是宋廷在核心的統治區域內，設置轉運使，從經濟上削弱藩鎮的財權，從
而解決了向中央提供穩定而充足的歲收這一迫切的問題。李攸對這一史實做
了如下的敘述：

　　唐自開元、天寶以後，藩鎮屯重兵，皆自贍租賦所入，名曰送
使留州，其上供者鮮矣。五代疆境偪蹙，藩鎮益強，率令部曲主場
院厚斂。其屬三司者，補大吏以臨之，輸額之外，頗以入己。太祖
歷試艱難，週知其弊，及受命，務恢遠略，革弊以漸。國初猶循前
制，牧守來朝皆有貢奉，以助軍實。乾德三年，詔諸州度支經費外，
凡金帛悉送闕下，無得占留。時藩鎮有缺，稍命文臣權知所在場務，
或以京朝官廷臣監臨。凡一路之財，置轉運使掌之：一州之財，置

〔註7〕　呂中：《宋史大事記講義》卷二。
〔註8〕　汪聖鐸：《宋代轉運使補論》，《中國史研究》，2004年第1期。
〔註9〕　魏泰：《東軒筆錄》卷一。
〔註10〕　黎靖德：《朱子語類》卷一一○，《論兵》。

> 通判掌之。為節度、防禦、團練留後觀察、刺史者,皆不預簽書金
> 谷之事。於是外權削而利歸公上矣。〔註11〕

應該說從宋初中央政府動議罷節支郡開始到實現外權削而利歸公上的目的,經歷了比較長的歷史時期。事實上,起初宋代的統治者直接派出中央官員(須是文臣),直接管理原來由方鎮統屬各州的政務,即所謂權知軍州事。派遣中央官員擔任知縣代替原來的縣令。也就是「以文臣知州,以朝官知縣」的策略。同時為限制知州,又設置通判作為副手,對其牽制。還另派員監察稅務,以確保中央的歲入。凡此種種皆為了加強中央集權,從而使中央和地方「上下相維,輕重相制,如身之使臂,臂之使指」〔註12〕。因此,宋初州縣在一段時間內直屬於中央,州級政區是中央直轄的單位。然而,北宋州縣行政單位建置就多達千百,僅州郡就有三百多個,加上限於當時落後的生產力和通訊水平,中央要對廣闊的地域進行有效的行政管理和地方控制,如果不在行政組織的建置上有所安排,文人們所謂的「如身之使臂,臂之使指」的效果只能是一廂情願的形容之語。

從行政管理的角度而言,管理的層級與管理的幅度是成反比的,即每一個管理層級都會形成一定的管理幅度,隨著管理層級的增多,管理的幅度會縮小。對於追求中央集權的政權來說,要求儘量少的管理層級,但是管理層級的設置還需要考慮管理幅度的承受能力,因此管理層級並不是隨意設置的。宋代統治者對此也有比較清醒的認識。真宗咸平四年(1001年),左司諫、知制誥楊億上疏曰:

> 昔者秦之開郡置守,漢以天下為十三部,命刺史以領之。自後因郡為州,以太守為刺史,降及唐氏,亦嘗變更,曾未數年,又仍舊貫。今多命省署之職出為知州,又設通判之官以為副貳,此權宜之制耳,豈可為經久之訓哉?臣欲乞諸州並置刺史,以戶口多少置其奉祿,分下、中、上、緊、望、雄之等級,品秩之制率如舊章,與常參官比視階資,出入更踐,省去通判之目,但置從事之員,建廉察之府以統臨,按輿地之圖而區處。昔者興國初,詔廢支郡,出於一時;十國為連,周法斯在,一道署使,唐制可尋。至若號令之

〔註11〕 李攸:《宋朝事實》卷九,《職官》。另可參見《續資治通鑑長編》卷六,太祖乾德三年三月條。

〔註12〕 趙汝愚:《宋朝諸臣奏議》卷七二,范祖禹《上哲宗乞行考課監司郡守之法》。

　　行，風教之出，先及於府，府以及州，州以及縣，縣及鄉里。自上
　　而下，由近及遠，譬如身之使臂，臂之使指，提綱而眾目張，振領
　　而群毛理。由是言之，支郡之不可廢也明矣。〔註13〕

楊億考察了由秦漢至唐代的行政建置，認為設立支郡，即可達到「提綱而眾目張，振領而群毛理」的效果，當然楊億所指的「支郡」與「罷節支郡」的含義不同，他所說「支郡之不可廢」，意在中央和地方即中央政府和地方州縣間建立起一個聯繫層。宋代統治者從唐代轉運使的設置吸取經驗，將其由臨時差遣的使職變為固定的官職，以之經度地方財賦，「又節次以天下土地形勢，俾之分路而治」〔註14〕，於是在州縣之上形成路一級的行政區劃。而轉運使於中央對地方州縣的控馭具有舉足輕重的作用。仁宗時任河北都轉運使的陳升之就議論道：

　　　　天下州縣治否，朝廷不能週知，悉付之轉運使。今選用不精，
　　又無考課，非闍滯罷懦，則凌肆刻薄，所以疾苦愁歎，壅於上聞。
　　〔註15〕

嘉祐二年（1057年），時任知諫院的陳升之又上言：

　　　　生民休戚，繫郡縣之得失。今天下州三百，縣一千二百，其治
　　否，朝廷故不得週知。付之十八路轉運使……朝廷有意天下之治，
　　宜自轉運使始。〔註16〕

哲宗時，右司諫蘇轍也表達了同樣的意見：

　　　　以天下之治寄於守令，守令之眾朝廷不能盡知，其要寄於監司。
　　〔註17〕

從這簡短的敘述中，我們可以看出蘇轍表達的是天下之治寄於監司的意思。元祐元年（1086年），哲宗在明堂敕中還稱，天下之廣，最當今之急務，必須申「轉運司、提點刑獄司類聚聞奏」。〔註18〕

　　由此可見，宋朝建立初期，為內削藩鎮，鞏固政權，外平戰亂，實現統一，在唐代的基礎上設置轉運使，分路而治，儘管與唐代使職差遣不同，宋

〔註13〕脫脫：《宋史》卷一六八，《職官志》。
〔註14〕《文獻通考》卷六一，《職官考十五》。
〔註15〕《宋史》卷三一二，《陳升之傳》。
〔註16〕《宋朝諸臣奏議》卷六七，陳升之《上仁宗論轉運使選用責任考課三法》。
〔註17〕《續資治通鑑長編》卷三八四，哲宗元祐元年八月丁亥條。
〔註18〕《續資治通鑑長編》卷三八七，哲宗元祐元年九月辛酉條。

代轉運使業已固定，治所均在地方，處理地方事務，但是從宋代設置轉運使的初衷而言，為加強中央集權，在中央和地方間尋得積極的政治平衡，一方面不斷削弱藩鎮實力，罷節支郡，以州軍直隸中央；一方面，強化轉運司管理地方財政的能力，督集財賦，杜絕節鎮專贍的弊端，因此，轉運使更多的是扮演了中央政權的分支的角色，是中央派出機構，形象而言即中央政府在地方的「耳目」和「鷹犬」。

三、從職能看宋代轉運使的性質

《宋史‧職官志》對宋代轉運使的職能做了如下的描述：

> 掌經度一路財賦，而察其登耗有無，以足上供及郡縣之費；歲行所部，檢察儲積，稽考帳籍，凡吏盡民瘼，悉條以上達，及專舉刺官吏之事。〔註19〕

儘管這些敘述相當寬泛，仍指出了轉運使職掌的主要內容是理財和監察。下面擬圍繞轉運使的這兩項主要職能來考察其組織性質。

從理財角度而言，轉運使「掌經度一路財賦」，其要責在於「足上供及郡縣之費」。所謂「一路之財，置轉運使掌之。」〔註20〕作為中央計司的派出機構，轉運使一方面要承擔中央對地方實施財政管理，保證中央政府財政收入的職責，另一方面還需負責（代表中央）本路州軍財賦的通融均濟，調配支撥。宋代中央政府一開始就「申命諸州，度支經費外，凡金帛以助軍資，悉送都下，無得占留。」〔註21〕轉運使起了不可忽視的作用。宋初，宋軍平定南漢時，「以右補闕王明為秘書少監領韶州刺史廣南諸州轉運使」，王明「知轉運事，……每下郡邑，必先收其版籍，固守倉庫。」此舉受到嘉獎，王明亦得到提拔。其後，許仲宣在攻打南唐時為隨軍轉運使，曹彬便將「倉廩府庫，委轉運使許仲宣按籍檢視。」中央財政仰賴諸路轉運使督徵地方上供財賦。宋仁宗皇祐元年（1049年）二月，權三司使葉清臣進言：「三司總天下錢穀，贍軍國大計，必藉十七路轉運司公共應副。」到南宋紹興三年（1133年），給事中黃唐傅仍說轉運使其職司「專以移用本路上供錢物為事」。〔註22〕北宋

〔註19〕《宋史》卷一六七。
〔註20〕李攸：《宋朝事實》卷一。
〔註21〕《續資治通鑑長編》卷六，太祖乾德三年三月乙未條。
〔註22〕《宋會要輯稿》食貨四九之四○。

時，中央政府的上供年額〔註23〕大多仰仗於東南六路，由江浙湖淮地區漕運至京師。這些上供年額由各路分攤，轉運使計置，再由淮南發運司在規定的時間內發赴京師。上供年額的繳辦，並非轉運使親歷親爲，這些上供財賦最終分攤於轉運使所部州軍，轉運使重點負責督徵所轄州軍。因此，「置轉運使以掌一路之財對於州軍財政管理的主要意義，在於形成了一個比中央計司更直接、更具體、更貼近的督責機構」。〔註24〕宋人稱皇朝「主計之吏，內則三司使，外則轉運使」。〔註25〕轉運使對於州軍的督責，主要體現在轉運使計度財賦，在各州軍間均濟調撥，盈取虧補，從而協調各州軍間內部以及中央和地方的財賦用度，實行財賦的通融計置。這種財賦調度，一方面不僅在於滿足所轄州軍經費開支的需要，更重要的還是通過移盈補缺，來保證地方對中央的上供財賦，尤其是保證軍費開支。譬如京西路「每歲均南饋北，短長相補，以給軍吏之奉。」〔註26〕熙寧三年（1070年），「詔三司除在京合支用金帛外，應西川四路上供金帛及四路賣度僧牒錢所變轉物，並截留陝西轉運司，令相度於永興或鳳翔府椿以備邊費。」〔註27〕熙寧六年（1073年），「詔永興軍等路轉運司，給錢十萬緡付秦鳳路轉運司，以助邊費。」〔註28〕同時轉運使貯藏在地方的財賦，也被稱爲「繫省錢物」，而「省」就是三司。因此，轉運使在履職過程中，時刻都要考慮到中央的利益，雖然其職能的外延在歷史的發展過程中不斷擴大，但是督責州軍，完成對中央的上供始終是其職責的核心，也正是由此決定了轉運使作爲中央派出機構的特性。這一點我們還可以通過對於轉運使的考課來觀察。

對於轉運使的考課，宋代政府逐漸形成比較詳細的規定。太宗端拱二年（989年）下詔：

> 自今轉運使凡釐革庶務、平反獄訟、漕運金谷，成績居最，及有建置之事果利於民者，令諸州歲終件析以聞，非殊異者，不得條奏。〔註29〕

〔註23〕《續資治通鑑長編》卷四三五，哲宗元祐四年十一月癸巳條。
〔註24〕包偉民：《宋代地方財政史研究》，第26頁。
〔註25〕《續資治通鑑長編》卷一六八，仁宗皇祐二年六月丙子條。
〔註26〕蘇轍：《欒城集》卷二三，《京西北路轉運使題名記》。
〔註27〕《續資治通鑑長編》卷二一五，神宗熙寧三年九月庚戌條。
〔註28〕《續資治通鑑長編》卷二四五，神宗熙寧六年五月庚戌條。
〔註29〕《宋會要輯稿》選舉二七之四。

此後，淳化五年（994年）八月二十九日，太宗又下詔「給諸路轉運使御前印紙，令部內知州、通判批書殿最，每歲上審官院考較黜陟之」。從這裏我們可以得知，考課轉運使的主要標準，以及當時令諸州課轉運使的辦法。無庸諱言，這種辦法實施起來確有其困難，在實踐中，實際上「自來監司考任當滿或改除差遣之類，並只於置司所在州批書印紙」。〔註30〕儘管考課轉運使的內容條目較多，但是在具體操作上，仍是以轉運使能否保證完成上供作爲其主要的轉遷升黜的考覈標準，而這一標準也是最具可操作性的。仁宗康定元年（1040年）五月，權三司使公事鄭戩認爲應差近臣與審官院共同磨勘轉運使之課績，因爲「國家所置諸道轉運使副，即漢刺史、唐觀察使之職，其權甚重。」國家稱治，在於「漢法，刺史許六條問事。唐校內外官，考定二十最，觀察使在焉，是必責功過，明黜陟，吏勸其官」，到宋代「國家承平八十載，不用兵四十年，生齒之眾，山澤之利，當十倍其初。」但是，「近歲以來，天下貨泉之數，公上輸入之目，反益減耗，支調微屈，其故何哉？」是因爲「法不舉，吏不職，沮賞之格未立也。」他舉上一年「所謂銅鹽茶酒之課者，以爲比凡虧租額實錢數百萬貫，且前之失既已數十百萬，若今又恬然不較，則軍國常須將何以取辦？」因此，鄭戩建議「宜循漢唐故事，行考課法」，辦法是「乞應諸道轉運使副，今後得替到京，別差近上臣僚與審官同共磨勘，將一任內本道諸處場務所收課利與租額遞年都大比較，除歲有凶荒，別敕權閣不比外，其餘悉取大數爲十分，每虧五釐以下罰兩月俸，一分以下罰三月俸，一分以上降差遣，若增及一分以上，亦別與升陟」。〔註31〕他的這一建議得到朝廷的採納。由此可見，轉運使考課的主要內容即課以財利。皇祐二年（1049年）二月對於轉運使考課的規定更爲詳盡，然而其規定的出發點仍然是要考較轉運使於中央上供是否會「斛斗虧欠」。當時權三司使葉清臣提出：

> 近年荊湖等路上供，斛斗虧欠，萬數不少，皆是轉運司無所稟畏，致此馳慢……臣伏見提點刑獄，朝廷以庶獄之重，特置考課一司，專考提刑朝臣進退差遣。臣欲乞今後轉運使副得替，亦差兩制臣僚考較，分上中下六等。若考入上上，與轉官升陟差遣；上下者，或改章服，或升差遣；及中上者，依舊與合入差遣；中下者，差知州；下上者，與遠小處知州；下下者，與展磨勘及降差遣。仍每到

〔註30〕 《宋會要輯稿》職官五九之一六。
〔註31〕 《續資治通鑑長編》卷一二七，仁宗康定元年五月己未條。

任成考，並先供考帳，申省關送考課院。今具考課事目如後：一、
戶口之登耗；二、土田之荒闢；三、鹽茶酒稅統比增虧遞年租額；
四、上供和糴和買物不虧年額拋數；五、報應朝省文字及帳案齊足。
戶口增，田土闢，茶鹽等不虧，文案無違慢爲上上考；戶口等五條
及三以上爲中上考；若雖及三以上而應報文字帳案違慢者，爲中下
考；五條中虧四者，下上考；全虧及文帳報應不時者，爲下下考。
〔註32〕

因此，轉運使在其任期內，都必須將上級所交給的各項任務作爲首先考慮的
問題，所謂「斡運財賦有米鹽之繁，供給軍需有星火之急」〔註33〕。而正是
一味地要求轉運使督徵地方，滿足上供年額，「轉運司……惟財賦是務，盡農
畝之稅，竭山澤之利，舟車屋產，蟲魚草木，凡百所有，無一不徵」〔註34〕。
由於上供充足與否成爲延續政治生命的關鍵，這種狀況到南宋時期更爲明顯
〔註35〕，諸路轉運使也是使出了混身解數〔註36〕，包括向中央「多獻羨餘以
希進」〔註37〕，包偉民先生認爲「進羨餘更說明了轉運司代表中央利益、督
徵地方財賦的特性」。〔註38〕這種狀況隨著宋代財政危機的不斷惡化，愈顯突
出，在財賦問題上，「監司所至，不恤州郡有無，盡行劃刷，州郡往往藏錢，
不令監司知」。〔註39〕以上史例也充分體現了轉運使作爲中央派出機構的組織
特性，以中央的利益作爲履職的出發點。

從監察職能而言，我們亦可以看出轉運使係中央派出機構。開寶九年（976
年），太宗下詔稱：

詔諸道轉運使，各察舉部內知州、通判、監臨物務京朝官等，
以三科第其能否，政績尤異者爲上，恪其官次、職務粗治者爲中，

〔註32〕《續資治通鑑長編》卷一六六，仁宗皇祐元年二月戊辰條。
〔註33〕《續資治通鑑長編》卷一四一，仁宗慶曆三年五月戊寅條。
〔註34〕《續資治通鑑長編》卷一二四，仁宗寶元二年九月丁巳條。
〔註35〕《宋會要輯稿》職官四二之五九記載：淳熙六年三月十九，宋孝宗謂輔臣曰：
「諸路漕臣職當計度，欲其計一道盈虛而經度之。今則不然，於所部州郡有
餘者取之，不足者聽之，逮其乏事，從而劾之。」
〔註36〕《續資治通鑑長編》卷一七四，仁宗皇祐五年六月壬辰條記載：「先是，三司
與發運司謀聚斂，奏諸路轉運使上供不足者皆行責降，有餘則加陞擢，由是
貪進者競爲誅剝，民不堪命。」
〔註37〕《續資治通鑑長編》卷一七五，仁宗皇祐五年閏七月丙子條。
〔註38〕包偉民：《宋代地方財政史研究》，第35頁。
〔註39〕《宋史全文》卷十九中。

臨事弛慢、所蒞無狀者爲下，歲終以聞，將大行誅賞焉。〔註40〕
眞宗咸平六年（1003 年）的詔書明確提出，

> 監司之職，刺舉爲常，頗聞曠官，怠於行部，將何以問民疾苦，
> 察吏臧否？自今諸路轉運使，令遍至管內按察。〔註41〕

哲宗即位初，時任起居舍人的邢恕在奏疏中便開宗明義的講到：

> 唐之所謂採訪使，今之所謂轉運使副判官……此即代天子巡狩
> 者，其任不輕也，明矣！〔註42〕

據此可知，轉運使有代天子巡察州縣官吏之責。轉運使監察州縣官吏的巡歷
工作範圍相當廣泛，包括「平反冤訟」〔註43〕、「點檢錢穀、刑獄、察訪官吏
及公私利害」〔註44〕等諸項。

不過，中央政府規定轉運使巡歷的職權範圍，歸納起來其實是以地方吏
治爲重心，其目的仍在於讓包括轉運使在內的監司機構成爲中央政府的代理
人，使朝廷週知天下官吏，加強地方控制。宋代官員也時常拿漢代部州刺史
與唐代觀察採訪使同轉運使做比較，仁宗時，權三司使公事鄭戩稱，「國家所
置轉運使副，即漢刺史、唐觀察使之職。」〔註45〕後時任參知政事的范仲淹
亦講到：「今轉運按察使，古之岳牧、方伯、刺史、觀察、採訪使之職也。」
〔註46〕神宗就稱轉運使乃「朝廷耳目，案劾官吏」。〔註47〕高宗的詔書中亦言：
「監司之職，臨按一路，寄耳目之任，專刺舉之權。」〔註48〕從這些敘述中，
一方面我們可以看出，宋人對於轉運使的組織性質也是界定爲中央的派出機
構；另一方面，與漢唐相比，宋代的轉運使比刺史、觀察採訪使對地方官員
的監察更爲嚴密，而且與中央政府的關係更爲密切〔註49〕。由此地方受中央
政府的控制也更加嚴格。所以南宋的章如愚言：「二、三百年無方鎮之患，其
此之由歟。」〔註50〕能夠達到這種效果，正是由於宋朝政府很好地利用了轉

〔註40〕《續資治通鑑長編》卷一七，太祖開寶九年十一月庚午條。
〔註41〕《續資治通鑑長編》卷五五，眞宗咸平六年十一月庚寅條。
〔註42〕楊士奇、黃淮：《歷代名臣奏議》卷三九，《治道》。
〔註43〕《慶元條法事類》卷七。
〔註44〕《宋會要輯稿》食貨四九之一〇。
〔註45〕《宋會要輯稿》食貨四九之一三。
〔註46〕范仲淹：《范文正公集補編》卷一，慶曆三年二月《論轉運得人許自擇知州》。
〔註47〕《續資治通鑑長編》卷三二一，神宗元豐四年十二月丙辰條。
〔註48〕《宋會要輯稿》職官四五之二一。
〔註49〕金圓：《宋代監司監察地方官吏》，《上海師範大學學報》，1982 年第 3 期。
〔註50〕章如愚：《群書考索》續集卷三七。

運使的這一組織性質，確立起「委郡縣於守令，總守令於監司」，「察監司於近臣」的「內外之紀綱」〔註51〕，以適應宋代「內重外輕」策略的需要。

四、從轉運使與並立監司的關係看宋代轉運使的性質

宋代轉運使職權至重，凡「軍儲、租稅計度及刺舉官吏之事、分巡所部」〔註52〕等事宜皆爲所掌，呂祖謙就講，宋代將「邊防、盜賊、刑訟、金谷、按廉之任，皆委於轉運使」，「於是轉運使於一路之事無所不總也」。〔註53〕而且宋代轉運使又是宋代路分監司中最早設立並設置時間最長的機構，因此，人們易於將轉運使視爲宋代地方最高長官。

不過，需要強調的是，上述轉運使的眾多職權並非於短時期內同時獲得，而是由宋代社會發展和當時歷史條件的需要而逐漸促成的。儘管中央政府賦予轉運使相當廣泛的職權範圍，但是轉運使在履職過程中也會受到來自中央集權的牽制，更關鍵的是，轉運使於軍事權和人事權完全沒有自主性〔註54〕。同時，宋代路分有輕重之分，關鍵路分轉運使的職權所涉及的範圍較廣，影響較大。所以，如果不加區分，對轉運使的職任一概而論，不免有失妥當。因此，所謂轉運使於一路之事無所不掌之說是值得斟酌的。

這裏僅就轉運使與並立監司的關係，說明轉運使是否具備作爲地方最高長官的條件，藉以申述宋代轉運使的組織性質。

宋代路分機構以四司爲主要架構，即安撫使、轉運使、提點刑獄官和提舉常平官，文獻中時以帥、漕、憲、倉司來稱呼。漕司、憲司、倉司合稱爲監司。監司中最早設立的便是轉運司，宋太宗淳化年間（990～994年）開始設置提點刑獄司，神宗熙寧年間（1068～1077年）始置提舉常平司。雖然提刑司和提倉司間或有廢立，但是宋代監司三司並立大致沿用到南宋。南宋人林駉在《古今源流至論》中談到：「我朝監司，始則有轉運使副、轉運判官，後則有提點刑獄、武臣提刑，又其後則有提舉茶鹽、提舉常平。」〔註55〕

提刑司和常平司的設立在一定程度是宋代政府將事權分割的一種舉措。出於理財之需，如歐陽修所言「轉運使……幹運財賦有米鹽之繁，供給軍需

〔註51〕《宋會要輯稿》職官四二之五八。
〔註52〕《宋會要輯稿》食貨四九之一。
〔註53〕《文獻通考》卷六一，《職官考十五》。
〔註54〕詳參汪聖鐸：《宋代轉運使補論》。
〔註55〕林駉：《古今源流至論》續集卷七，《監司》。

有星火之急」〔註56〕，因此，要「轉運司無所不總，求之周行，罕有能兼之者」〔註57〕。當然，其中防範轉運使重蹈唐代藩鎮割據覆轍的意圖自不待言。於是宋代將路一級包括財政職能在內的權力逐步分割，從而確立路級監司並立的局面。

有的學者認爲，儘管宋代將權力分割，但是監司之間權力互相重疊，互有交叉，且轉運使仍確保了在三司中的主導地位，在官序上也高於並立監司，在履職過程中，幾乎還是事事過問，轉運使依然是地方行政長官。

筆者以爲，提刑司和常平司在設置之初，於轉運司的確存在職掌交錯之處，但是並立監司之間職權所轄範圍相對來說還是比較明晰，各監司並無相互統屬的關係，更多時候諸監司相互體量，分工協作。其次，宋代的路一般即指轉運使路，不過宋代地方行政的特點在於不在州以上設置高級的單一行政區劃，而是儘量使諸監司分路不一致，形成一套複式路制，〔註58〕仁宗景祐元年（1034年）五月，轉運司與提刑司便異州置司〔註59〕，這更加說明監司並立，並無隸屬關係，轉運使並非地方最高行政長官。

先看提刑司。它最初脫胎於轉運司，取代了轉運使的大部分司法審判權，承擔起一路司法主管部門的職責。但轉運使依然保留部分司法權力，還有權過問刑獄訴訟〔註60〕。二者在刑事審判和民事審判上權力各有所轄，案件受理上也有次序之別。根據屈超立的研究，路級監司中最主要的刑事審判機構是提點刑獄司，刑事案件的上訴程序到提刑司，如果不服判決，再經由轉運、提舉、安撫司等審理；民事案件主要由轉運司來審理，民事上訴首先由轉運司處理，其次交由提刑司。〔註61〕由此可見，在司法審判上，宋代實行雙軌並行的策略，互爲監督，轉運使並沒有成爲地方司法行政的最高長官。

〔註56〕　《續資治通鑑長編》卷一四一，仁宗慶曆三年五月戊寅條。

〔註57〕　《續資治通鑑長編》卷二四四，神宗熙寧六年四月壬辰條。

〔註58〕　周振鶴：《中央地方關係史的一個側面——兩千年地方政府層級變邊》，《復旦學報》1995年第3期。

〔註59〕　《續資治通鑑長編》卷一一四，景祐元年五月庚午條記載：「詔諸路提點刑獄廨舍與轉運使副同在一州者，並徙他州。」

〔註60〕　《續資治通鑑長編》卷一一六，仁宗景祐元年四月辛酉條記載：「詔諸路提點刑獄司，事有冤濫而繫人命者，雖未經轉運司，亦聽受施行。」同書卷一二○，仁宗景祐四年正月丙戌條記載：「詔：『天下獄有大辟，長吏以下並聚聽慮問，有翻異或其家訴冤者，聽本處移司；又不服，即申轉運司，或提點刑獄司，差官別訊之。』」

〔註61〕　屈超立：《論宋代轉運司的司法職能》，《浙江學刊》2003年第4期。

　　再從提舉常平司來看。起初，常平倉錢穀由轉運使或提刑司兼理。神宗熙寧二年（1069年），宋政府爲了推行常平新法，於各路開始派遣提舉常平官，此爲提舉常平司設置之始。隨著王安石變法不斷推行，常平司的地位日漸提高，且其與轉運司、提刑司在職權上的分工也愈加嚴格。熙寧六年（1073年）四月庚辰，朝廷下詔「諸路轉運使副、判官、提點刑獄不兼常平倉者併兼提舉」。〔註62〕元豐年間（1078～1085年），常平司取得與轉運司、提刑司並立的監司的地位〔註63〕，轉運使副兼領提舉常平司也於此時結束。在組織結構上，常平司與轉運使也沒有隸屬關係。《玉海》記載：

　　　　祖宗外置轉運司，以漕一路之賦，内置三司使，以總天下之財。
　　神宗始分天下之財，以爲二司，轉運司獨主民常賦，與州縣酒稅之
　　課，其餘財利悉收於常平司，掌其發斂，儲之以待非常之用，罷三
　　司而爲戶部，轉運之財則左曹隸焉，常平之財則右曹隸焉。〔註64〕

從財政上看，在戶部體制下，轉運使隸於戶部左曹，常平司屬於戶部右曹，路級監司的國家分支的組織性質昭然若揭。

　　總之，從宋代路級並立監司職任的主要方面來看，各監司的設立依然遵循了宋代設官分職，互相牽制，互不統屬，互相體量，相互按劾的政治原則，轉運使雖然擁有諸多行政權力，但並非地方最高行政長官。

小　結

　　本章圍繞著轉運使的理財和監察兩項主要職能，以及轉運使與並立監司間的聯繫，闡述宋代轉運使機構係宋代中央政府的派出機構這一組織性質。

　　當然，要明確劃分和準確定義宋代轉運使的組織性質，即要在宋代轉運使在中央派出機構和地方政府之間確立起一道分水嶺，並不是一件很容易的事情。因此，宋代轉運使「地方化」不失也是一個研究的角度。〔註65〕雖然路級財政隨著宋代財政體制的演變和財賦管理方式的變化在一定意義上逐步形成，但是在集權的管理體制下，路級財政充其量也是中央集權體制下的一個管理層次，它還不是完全意義上的獨立的財政管理區劃，也就是說其與現

〔註62〕《續資治通鑑長編》卷二四四，神宗熙寧六年四月庚辰條。
〔註63〕《宋會要輯稿》職官四三之四至六。
〔註64〕王應麟：《玉海》卷一八六，《食貨》。
〔註65〕詳參包偉民：《宋代地方財政史研究》，第一章《轉運司的地位與作用》。

代意義上的地方財政的概念還是有著本質上的不同。加之職任的特殊性，宋代轉運使也就不可能「完全成爲本路的利益代表」，也「不可能成爲所謂州縣財政利益的代表」。〔註66〕然而，從另一方面來看，宋代中央政府不斷賦予轉運使各種權力，在不偏離理財和監察職能的重心的同時，轉運使不干預地方行政是完全不可能的，而且，其與並立監司以及州縣官員必定會有千絲萬縷的聯繫，在政令的居中傳達，上下相維的溝通中，於地方行政會產生自己的影響，這也正是我們在前文中所提出的在集權制下，地方政府既是國家的分支也是地方的政府，因此從某種意義上講，轉運使也可以被視爲既是國家的分支也是地方的政府。不過，我們認爲，從其職守以及履職的具體狀況而言，宋代轉運使更多的是扮演國家分支的角色，是中央政府的代理人，履行著中央政府派出機構的職能。

〔註66〕汪聖鐸：《宋代轉運使補論》。

第三章　宋代轉運使履職方式與 地方控制

　　眾所週知，政府職能需要具體的組織和人員進行運作才能得以實現。「官僚政治制度不是靜止的政府型態與組織法，制度的形成及運行本身是一動態的歷史過程，有『運作』、有『過程』才有『制度』，不處於運作過程之中也就無所謂『制度』。」〔註 1〕對於宋代轉運使職能的描述，研究者已經作了許多努力。不過，以往的研究尚未充分注意轉運使在制度設定下的運作過程。其實，考察宋代轉運使如何履行職責、實施政務，有助於我們進一步分析轉運使與地方控制的關係。

一、轉運使巡歷制度述論

　　巡歷是宋代轉運使根據中央的要求履行自身職能的基本方式，也是中央考覈轉運使政績的主要內容之一。作爲中央的派出機構，宋代轉運使被要求「歲行所部」即巡歷，以瞭解地方政治、財賦稅收、農業水利、民政等諸多方面的情況，全面介入地方政務，並定期向中央作書面彙報，從而實現其代表中央實施地方控制的職能。此即仁宗詔文所謂「轉運使之任，所以寄耳目，治財賦，集事功也」〔註 2〕。

〔註 1〕　鄧小南：《走向「活「的制度史——以宋代官僚政治制度史研究爲例的點滴思
　　　　　考》，《浙江學刊》，2003 年第 3 期。
〔註 2〕　《宋大詔令集》卷一六二，嘉祐五年八月乙酉《罷同提點刑獄使臣詔》。

　　建立轉運使官員的巡歷制度，是宋代對前代監察制度和地方控制手段的繼承與創新。

（一）宋以前巡歷地方制度概述

　　巡歷地方是中國古代行政監督的重要方式之一。在形式上，巡歷監察包括中央派監察官員或遣使下巡地方，以及地方官員巡歷本郡、本縣。監察官或使者代表朝廷下巡地方政事，是我國古代監察機關所奉行的一種傳統監察方式，也是中央監督和控制地方的最基本的行之有效的方式。

　　三代時期，中央對地方的監察主要通過以下三種方式進行的：一是天子親自巡幸地方和地方長官到中央朝覲述職；二是派遣使者代王巡視地方，這些使者負有監察萬國對天子是否忠誠和治理績效如何的使命；三是由中央直接向地方派遣地方官吏，所謂「千里之外設方伯」，「受命於王，以監察一方者，謂之伯」。西周對「邦國」的監察主要有朝覲、巡狩等方式。後採取分封諸侯王國對地方實行分區管理。針對諸侯國的離心傾向，開始向地方派遣監國使臣。這些監國使臣不再是王族子弟的諸侯，一般地位比較低下，不掌管軍隊，有利於中央的調遣和控制。這種經過改進和完善的監國制度對於調整中央與地方的關係，無疑起了積極的促進作用，並為春秋戰國所承繼。

　　戰國時期，隨著中央集權的確立，逐步推行官僚制度，中央政權在通過自下而上呈報政績的「上計」制度對地方官員進行考覈的同時，也初步建立了自上而下的行政巡視制度，加強對地方行政工作的監督和監察，當時稱為「巡行」、「循行」或「行縣」。〔註3〕

　　秦漢時期確立和完善了地方巡歷制度，不僅有皇帝巡狩、大使巡行、刺史行部、郡守行縣等多種巡歷類型，而且有專職官吏或兼職官吏、定期或不定期、或明或暗的巡歷方式。秦在中央設有御史大夫作為副丞相，有監察百官的權力，派御史到地方郡國進行行政監督。至漢代地方監察體制加強，建立刺史制和設置司隸校尉。漢初，中央對地方的監察沿秦制，以監刺史分刺郡國，並受丞相節制。漢武帝時，為加強中央集權，嚴格控制地方郡國，在全國設十三州（部）監察區，每一監察區派刺史一人，刺史受御史中丞領導，對州內所屬郡國進行監督。司隸校尉是直隸於皇帝，負責京畿地區七個郡縣的監察官。凡中央機關及其官員，京師地區的諸郡長吏，都是其監察的對象。

〔註3〕楊寬：《戰國秦漢的監察和視察地方制度》，《社會科學戰線》，1982年第1期。

刺史除每年年終往京師述職外，其餘時間都在部內執行監察任務，每年秋分之季要率屬員「行部」，巡查部內郡國，進行實地考察，接受民眾冤狀，並依法對不法郡國長吏進行糾舉，其依據即「六條問事」。《漢書・百官公卿表》注引《漢官典職儀》曰：

> 刺史班宣，周行郡國，省察治狀，黜陟能否，斷治冤獄，以六條問事，非條所問，即不省。

漢代還有督郵察縣制度，就是在郡級地方政府中增設督郵一職，採取巡部的方式，掌管縣內官吏的監察。〔註4〕

　　魏晉以後，地方不再設置固定的監察機構，而由中央不定期派出巡御史以監察地方官吏。御史外出巡視之制，仍然存在。漢代的司隸校尉在魏晉初期雖仍保留，但它同御史中丞分督百僚，職權重疊，司隸校尉職權已逐漸向行政官轉化。東晉為加強禦史臺的職權，廢司隸校尉，將其監察權歸屬御史臺，行政屬刺史。遣使巡行地方在魏晉時期成為經常的監察方式。三國時期，曹魏於延康元年（220年）二月，「遣使者巡行郡國，有違理掊克暴虐者，舉其罪」〔註5〕。晉武帝司馬炎也曾經下詔要求郡國守相「三載一巡行屬縣」，「見長吏，觀風俗，協禮律，考度量，存問耆老，親見百年。錄囚徒，理冤枉，詳察政刑得失，知百姓所患苦。無有遠近，便若朕親臨之」〔註6〕。魏晉以降，中央和州郡時常遣使巡行地方。宋文帝元嘉三年（426年）五月，「遣大使巡行四方」〔註7〕。南齊高帝建元元年（479年）五月，「詔遣大使分行四方，遣兼散騎常侍十二人巡行」〔註8〕。北魏元帝泰常二年（417年）二月，「遣使者巡行天下，省諸州，觀民風俗，問民疾苦，察守宰治行」〔註9〕。北齊武成帝太寧元年（561年）十一月，「詔大使巡行天下，求政善惡，問人疾苦，擢進賢良」〔註10〕。地方官吏有時也派出屬官巡行所轄區域。劉宋時期，田亮為南陽太守，曾「遣吏巡行諸縣」〔註11〕。梁朝時期蕭恢為郢州刺史，上任伊始便「遣四使巡行州部」〔註12〕。

〔註4〕　袁剛：《漢代郡國督察制度》，《煙臺大學學報》，1989年第2期。
〔註5〕　《三國志》卷二，《魏書・文帝紀》，引裴松之注。
〔註6〕　《晉書》卷三，《世祖武帝紀》。
〔註7〕　《宋書》卷九二，《徐豁傳》。
〔註8〕　《南齊書》卷二，《高帝紀》。
〔註9〕　《魏書》卷三，《太宗明元帝紀》。
〔註10〕　《北齊書》卷七，《武成紀》。
〔註11〕　《宋書》卷一〇〇，《田亮傳》。
〔註12〕　《梁書》卷二二，《太祖五王傳》。

　　唐代對地方官吏的監察，有監察御史「分察巡按郡縣」，而且巡視監察制度經歷了一個逐步完善的過程，最主要的創新就是十道巡察使的派遣和成為制度。十道巡察是中央對地方州縣的一種經常性的巡迴監察制度。〔註13〕太宗貞觀元年（627年），設十道監察區，由御使臺臨時「遣大使十人」〔註14〕巡行州縣。武則天稱帝後，規定左右肅政臺「歲再發使八人」〔註15〕，每年春秋兩次出巡州縣，春采風俗，秋行廉察。神龍二年（706年），選左右御史臺及內外五品以上官二十人為十道巡察使，巡察地方，兩年一替換。擔任十道巡察使的職責在於：一，察官人善惡；二，察戶口流散，籍帳隱沒，賦役不均；三，察農桑不勤，倉庫減耗；四，察妖猾盜賊，不事生業，為私蠹害；五，察德行孝悌，茂才異等，藏器晦迹，應時用者；六，察黠吏豪宗兼併縱暴，貧弱冤苦不能自申者。〔註16〕神龍二年（706年），遣使巡察十道，「二週年一替，以廉按州部」〔註17〕。玄宗開元八年（720年），規定十道按察使於每年秋冬巡視州縣。開元二十一年（733年），改十道按察使為十五道採訪使，「檢察非法，如漢刺史之職」〔註18〕。乾元元年（758年），改採訪使為觀察使，「觀察使職當廉問……其巡屬州縣，須知善惡，歲考校，具以聞」。〔註19〕觀察使每年定期將巡察結果上報朝廷，作為對官吏考覈的一個重要依據。唐後期鹽鐵轉運使所屬的巡院，以及五代十國時期的巡按或巡撫使都是通過巡歷來對地方進行治理。安史之亂以後，由採訪使或觀察使、按察使所主按察地方的職責也逐漸移至巡院等機構。元和中，唐憲宗詔稱諸道巡院「周視四方，簡而從易」，明確規定：「政有所整，事有所宜，皆得舉聞，副我憂寄」〔註20〕。

　　從時間上而言，巡歷制度又可以分為定期和不定期兩種，在方式上又有所謂的明察和暗訪。定期巡歷制度一般實行分工定點巡察。漢代部刺史、唐代道按察使都所屬有若干郡縣，刺史、按察使都對所屬郡縣施行定點負責巡察。同

〔註13〕胡滄澤：《唐代監察體制的變革》，《福建師範大學學報》，2001年第3期。另參見氏著《中國監察制度史綱》，方志出版社，2004年6月。

〔註14〕《新唐書》卷四九，《職官志》。

〔註15〕《新唐書》卷四八，《職官志》。

〔註16〕《新唐書》卷四八，《職官志》。

〔註17〕《唐會要》卷七七，《巡察按察巡撫等使》。

〔註18〕《新唐書》卷三八，《地理志》。

〔註19〕《唐會要》卷七九，《諸使下》。

〔註20〕《唐會要》卷八七，《轉運鹽鐵總敘》。

時，刺史、按察使都有一定的任期，或期滿遷轉，或兩年一換，這有利於防止巡察官員在某一地方工作時間過長而在地方上坐大，妨礙巡察工作的正常開展。不定期的巡歷制度是定期巡歷的一種補充，是隨時隨事的巡察制度，是臨時由皇帝選派政府大員帶敕巡行地方，事必則罷，其靈活性較大。巡行地方的目的在於，一是彈劾不法，考覈官吏；二是斷治冤獄；三是救濟貧乏，訪問民情，考察地方各種政務；四是薦舉人才。通過巡歷制度，中央政府力求「事無鉅細得失，皆令訪察，回日奏聞，所以明四目，達四聰也」〔註21〕。

　　綜上所述，宋代之前的巡歷制度重在中央對地方官員、地方政事的監察，其形式以中央監察官員或特使下巡為主；中央若在地方設立專門性的監察機構，其政務管理職能相對不突出。宋代則在各地設置轉運使作為中央派出機構，其職能既以管理所轄政區的財政為主，又通過定期巡歷所部州縣，全面介入地方政治與吏治管理，這是對中國古代監察制度以及地方控制的一項創新。

（二）宋代轉運使官員的巡歷制度〔註22〕

　　宋代中央政府之所以建立轉運使官員的巡歷制度，目的在於通過他們以按察地方吏治為重點，掌握地方政情，監管地方政務，實施地方控制。對此，宋人或稱：「親民莫如守令，按察莫如監司」〔註23〕；或稱：「向使牧宰得其人，則郡邑政行，僚吏事肅，編民不殆，外奸不生；又以能致郡邑政行，僚吏事肅者，莫出於轉運使副也。」由是而言，「擇縣令、知縣，莫若於知州、知軍；取知州、知軍，莫若於轉運使、副；制轉運使、副，乃繫於朝廷」〔註24〕。加上一些路分與中央權力中心所在的京師相距甚遠，如「江南東西、荊湖南北、廣南東西、福建益梓利夔等十一路，此其去京師，遠者萬里，近者數千里，或跨帶山海，崎嶇蠻夷，而皆以一員主之，處則無與參慮，出則無與戮力，設有緩急之警，調輸之煩，機會一失，民受其弊，甚非豫慮先事之策也」〔註25〕。要使政令通達，中央也必須「以其視聽之遠者寄於監司」；「若

〔註21〕《舊唐書》卷一二八，《顏真卿傳》。
〔註22〕關於巡歷制度，謝興周《宋代轉運使之職權》、余蔚《中國古代地方監察體系運作機制研究》（第五章）均有研究，可進一步參考。
〔註23〕《建炎以來繫年要錄》卷一六五，高宗紹興二十三八月乙酉條。
〔註24〕《宋朝諸臣奏議》卷七二，陳靖《上太宗乞天下官屬三年替移一年一考》。
〔註25〕《宋大詔令集》卷一六二，嘉祐五年八月乙酉《罷同提點刑獄使臣詔》。

監司巡歷或不周遍，則遐方僻壤郡邑，官吏循習弛怠，奉行必有不謹者」〔註26〕。因此，轉運使官員巡歷也就成為朝廷上情下達以及顯示對地方頗為關注的主要形式，正如范祖禹所指出的：「委諸路監司丁寧行下所屬州縣，及因巡歷按視……使知朝廷掛意。」〔註27〕

宋代轉運使官員巡歷制度的產生，與其治所設在地方直接相關。唐代轉運使的治所一般都設置在京城，只有在特殊的政治經濟條件下，一般是地方官兼任轉運使時，治所才會設在地方。〔註28〕因此唐代轉運使官員很難實行巡歷。唐後期劉晏以中央官員的身份任轉運使期間，在全國設置巡院，「自淮北列置巡院，搜擇能吏以主之」〔註29〕。他通過指揮各地巡院，經理租調稅物的轉運，獲取有關信息，處理相關事務。與唐代不同，宋代轉運使作為中央派出機構，其治所就設在地方，有條件方便地定期在自己所部範圍內巡歷。

對於轉運使官員「巡行所部」之責，宋初以來中央就頗為重視。端拱二年（989年），太宗明令轉運使必須遍巡所部內州府，無事不得端坐」〔註30〕。轉運使作為朝廷的耳目，中央要求他們在巡歷中將所按察之事，事無鉅細，悉條陳上。真宗大中祥符五年（1012年），「以侍御史趙積為兵部員外郎、益州路轉運使。上諭積曰：『蜀去朝廷遠，民間事有可更置者，悉條上之。』積至部，事無大小，悉心究訪，至有一日章數上者。」〔註31〕《歷代名臣奏議》卷三十九記載：

> 哲宗即位初，起居舍人邢恕上疏曰：「……唐之所謂採訪使，今之所謂轉運使副判官、提點刑獄、常平倉官之類皆是也，此即代天子巡狩者，其任不輕也。」

可見宋朝中央對通過轉運使、副使、判官等的巡歷加強地方控制寄寓很高的期望。

為使轉運使官員履行巡歷之責，宋朝中央採取各種措施加以鞭策和監督。早在太宗時期，宋廷就授權知州以下地方官員要以密奏的方式，向朝廷彙報轉運使沒有到當地巡歷的「無事端坐」情況。史載：

〔註26〕《建炎以來繫年要錄》卷一四四，高宗紹興十二年正月壬午條。
〔註27〕《宋朝名臣奏議》卷一〇四，范祖禹《上哲宗乞不限人數收養貧民》。
〔註28〕何汝泉：《唐代轉運使初探》，第53頁。
〔註29〕《舊唐書》卷四九，《食貨志》。
〔註30〕《宋會要輯稿》食貨四九之七。
〔註31〕《續資治通鑑長編》卷七七，真宗大中祥符五年二月甲子條。

（端拱二年七月）詔訪聞諸路轉運使、副頗務因循，或端坐本司，或故留諸郡，深彰曠職，殊不盡心。自今並須不住巡案所部州府軍監，察訪利害，提舉錢帛糧草，無令積壓損惡，及信縱欺隱官物，並淹延刑禁。若依前不切用心，當勘罪重置之法。應諸道州府軍監，如轉運使副所置之處，無事端坐，委知州以下密具聞奏。〔註32〕

咸平六年（1003年）十一月，眞宗也有詔稱：

監司之職，刺舉爲常，頗聞曠官，怠於行部，將何以問民疾苦，察吏臧否。自今諸路轉運使，令遍至管內按察。〔註33〕

中央政府還從刑法上規定：「諸監司巡歷所部不遍者杖一百，遍而不申者減二等。」〔註34〕此外還有罷官的懲罰。《續資治通鑑長編》記載：

（大中祥符二年六月）庚子，侍御史趙湘自昇州回，上言知洪州馬景病不任事，轉運使劉炤性柔緩，本部數州，踰歲未嘗巡按；都監張明，用刑失中，居多博戲。詔選官代景泊炤，徙明釐務。〔註35〕

如果轉運使雖然按照規定對所部州軍進行巡歷，卻敷衍塞責，蒙混行事，甚至趁機謀取私利，也要遭受彈劾。如哲宗元祐七年（1092年）六月，殿中侍御史吳立禮言，「知穎州晏知止新除知鄧州。按知止庸懦不才，貪污無恥，昨任成都府路轉運使日，每巡歷州縣，殊不以觀省風俗、按察官吏爲意，專務營私，誅求無厭。自當投置閒散，以戒貪夫。」於是朝廷「詔知止知壽州」。〔註36〕

　　爲了督促轉運使官員履行巡歷職責，宋朝中央對其巡歷周期有一定的規定。不過，從史料來看，有一段時間中央對轉運使的巡歷周期並沒有明確的限定，因此出現一路轉運使、副使「兩員俱到」巡歷，甚至「一年數至」所部州縣的情況。景德三年（1006年），眞宗下詔「河北轉運使、副自今迭出巡行州軍。」原因是：「先是，邊臣患其數至或兩員齊到，屢有陳奏。帝曰：『轉運使巡按所部，是其職也。』遂令內地邊上，更互往焉。」到明道二年（1033

〔註32〕《宋會要輯稿》食貨四九之六至七。
〔註33〕《續資治通鑑長編》卷五五，眞宗咸平六年十一月庚寅條。
〔註34〕《慶元條法事類》卷七。
〔註35〕《續資治通鑑長編》卷七一，眞宗大中祥符二年六月庚子條。
〔註36〕《續資治通鑑長編》卷四七四，哲宗元祐元年六月庚午條。

年）十二月，仁宗詔稱：「諸路轉運使副，自今出巡，須歲一遍所部，止得以兩吏自隨，仍委諸州軍具所至日月以聞。」〔註37〕《宋會要輯稿》對此記載稍詳，稱：

> （明道二年十二月四日）詔令諸路轉運使、副，今後並一年之內遍巡轄下州縣，將帶本司公人兵士不得過二十人，司屬不得過兩人，如闕人於所到州軍差撥。諸州軍每至年終，具轉運使、副曾到與不到聞奏。〔註38〕

可見仁宗朝對轉運使巡歷作出了一年遍巡一次的明確規定，同時要求諸州軍至年終要向中央彙報轉運使是否來巡歷過，並且不必以密奏的形式彙報。這是轉運使巡歷制度常規化的重要標誌。

元祐元年（1086年），哲宗「詔諸道監司互分州縣，每（二）年巡遍。」〔註39〕元祐五年（1090年），再次「詔轉運、提刑司按部，二年一周」。〔註40〕可知哲宗時轉運使巡歷的周期放寬為每二年一巡。

後來，轉運使的巡歷周期又改為一年一巡。徽宗宣和四年（1122年）十二月九日，刑部向朝廷建議：「諸轉運、提點刑獄，歲以所部州縣，量地遠近互分定，歲終巡遍。……未遍而移罷者，至次年歲首新官未到，即見任官春季巡畢。」朝廷採納了刑部的意見。〔註41〕這是規定轉運使官員遇職務遷轉變動，但是巡歷任務當年尚未完成，若至次年歲首，新官未到，即由現任轉運官於春季巡歷結束。這顯然是基於一年巡遍一次之制的變通辦法。

南宋時，朝廷偏於一隅，土地日蹙，戰爭頻仍，社會矛盾尖銳，趙宋統治者對轉運使每年巡歷的次數要求增加了，其目的就是要加強地方控制，穩定社會秩序。建炎元年（1127年）十二月六日，高宗下詔要求諸路包括轉運使在內的監司，「應曾燒劫州縣，並躬親巡歷，一歲再遍，所至具日月申尚書省，仍開坐所措置過事，尚書省類聚，考其當否，而為之升黜。」〔註42〕紹興二十六年（1156年）二月二日，「詔諸路監司仰依法分上、下半年出巡，修

〔註37〕《續資治通鑒長編》卷一一三，仁宗明道二年十二月丁酉條。
〔註38〕《宋會要輯稿》食貨四九之一三。
〔註39〕《續資治通鑒長編》卷三九二，哲宗元祐元年十一月戊寅條。
〔註40〕《宋會要輯稿》職官四五之一。
〔註41〕《宋會要輯稿》職官四五之一四。
〔註42〕《宋會要輯稿》職官四五之一五。

舉職事，除坑冶司外，其諸司官屬並不許差出。」〔註43〕乾道五年（1169年）九月四日，孝宗又重申：「諸路監司，今後分上、下半年依條巡按，詢訪民間疾苦，糾察貪墮不職官吏。」〔註44〕《慶元條法事類》規定：「諸監司每歲分下半年巡按州縣，具平反冤訟、搜訪利害及薦舉循吏，按劾奸贓以聞」。〔註45〕由此可知，南宋時，轉運使巡歷周期規定爲半年一巡即一年兩巡。巡歷周期的縮短，反映出宋朝中央通過轉運使等監司的巡歷加強地方控制的願望更加迫切。

不過，如果出現下述幾種情況，轉運使官員可以不用巡歷或者可以推遲巡歷時間：〔註46〕

一是眞宗大中祥符七年（1015年）五月規定，轉運使官員若遇瘴炎之地，可以把巡歷時間推遲至秋季。〔註47〕這是出於保護官員身體健康的考慮。

二是南方特別偏遠且民族矛盾複雜的地方，也可免於巡歷。如神宗熙寧六年（1073年）十月，知桂州沈起言：「邕州左、右江溪洞，前此職司未嘗巡歷。今轉運判官杜璞獨往，慮諸蠻以故驚疑。」〔註48〕可見在杜璞之前，轉運使不曾在此地巡歷。儘管偏遠之地原則上不需要巡歷，但是當這些地區出現官吏奸贓的現象，有的轉運使官員不想坐視不理，就會要求中央批准前往巡歷。如元豐三年（1080年），權荊湖南路轉運副使、瓊管體量安撫朱初平言：「瓊管限隔巨浸，監司未嘗巡歷，故官吏資爲奸贓。臣等欲乞歲或間歲，專遣廣西監司一員，量與支賜，令過海巡歷。」〔註49〕紹興十七年（1147年）十二月癸巳，「宰執擬差左奉議郎吳質知容州。上曰：『廣東西闕官自來多是權攝如，海外州軍監司，巡歷不到，朕每以爲慮，有願就者宜早與差遣。』」〔註50〕可見對於僻遠海隅巡歷不到的情況，高宗朝廷也常掛在心上。究其原因，仍然出於中央對地方控制的關注。

〔註43〕《宋會要輯稿》職官四五之二〇。

〔註44〕《宋會要輯稿》職官四五之二七。

〔註45〕《慶元條法事類》卷七。

〔註46〕參見謝興周：《宋代轉運使之職權》。

〔註47〕《續資治通鑑長編》卷六六，眞宗景德四年九月丙子條載：「廣南路提點刑獄官許乘傳按部，若炎瘴之地，盛夏許移牒點檢，至秋乃出巡。及大中祥符末，轉運使、副亦聽準例。」

〔註48〕《續資治通鑑長編》卷二四七，神宗熙寧六年十月乙亥條。

〔註49〕《續資治通鑑長編》卷三一〇，神宗元豐三年十二月辛未條。

〔註50〕《中興小紀》卷三三。另見《建炎以來繫年要錄》卷一五六，高宗紹興十七年十二月乙未條。

　　三是避親嫌而免於巡歷。這也符合宋代官員任用中要求避親同任的原則。如雷有終係雷德驤之子，「太宗即位，聞其名，遣內侍伍守忠同掌監事，且察其治迹。守忠至裁周月，即還奏有終強濟之狀，亟詔爲大理寺丞。會德驤任陝西轉運，奏爲解州通判，特許德驤不巡察是州。」〔註51〕御史蔡承禧又言：「先嘗論知亳州俞希旦前任兩浙轉運使，以轉運司職田交易江陰職田，地利未見收附，並以船橫江道，縱舟人受略，並妄作知常州徐九思、知縣郭暨等事，未聞行遣，乃知大藩聞希旦與兩浙轉運使張靚是親，若下本路體量，必不得實。今又聞開常州運河日，希旦以轉運使巡歷蘇、常州，自論吏，令已與部役官一例破開河食錢，共數百緡入已。乞再根究，仍先罷希旦亳州之命。」詔蘇澥、章岵案實以聞。〔註52〕

　　爲了監察轉運使行使巡歷職責的情況，尤其是爲了及時瞭解地方吏治和政情，宋廷規定，包括轉運使在內的監司巡歷完畢，必須在規定時間內以「巡歷狀」這一公文形式向中書奏報巡歷結果，如有延誤，要受到舉報和處理。神宗熙寧七年（1074 年），檢正中書戶房公事張諤上言：「準朝旨，權提點諸路監司所申巡歷狀，乞監司官歲分州縣互巡，次年正月十五日以前具已巡歷上中書。經一年不巡者，委中書點檢官申舉。」朝廷採納了張諤的意見。〔註53〕熙寧十年（1077 年）五月，神宗又下詔再次強調轉運使具奏巡歷狀的期限規定，詔曰：

　　　　諸路監司、提舉司歲終各具所分州縣巡歷月日，限次年正月十
　　　　五日以前，申中書點檢；巡歷不遍者，奏裁。所至有詞訟及官司違
　　　　法，雖非本司事，並聽關送案治。〔註54〕

顯然，規定巡歷奏狀的上報期限，用意也在於督促轉運使及時完成巡歷任務。

　　轉運使巡歷奏狀的內容，包括巡行按部時所帶人員的費用支出，所到州縣的時間，以及巡歷過程中政務處理的具體事件，後者又有諸如平反冤訟、搜訪利害、薦舉循吏、按劾奸贓等多個項目。這些都是中央政府明令加以規定的。如熙寧十年（1077 年），神宗下詔「河北東西路轉運判官汪輔之、黃莘，各具巡歷到州軍所支人糧斛樣附遞入進。」〔註55〕《慶元條法事類》規定：「諸

〔註51〕 《宋史》卷二七八，《雷德驤傳附雷有終傳》。
〔註52〕 《續資治通鑒長編》卷二七一，神宗熙寧八年十二月壬寅條。
〔註53〕 《續資治通鑒長編》卷二五四，神宗熙寧七年六月庚午條。
〔註54〕 《續資治通鑒長編》卷二八二，神宗熙寧十年五月戊午條。
〔註55〕 《續資治通鑒長編》卷二八二，神宗熙寧十年五月壬子條。

監司巡按搬擔人所至關廂軍遞補兵差者，支系省錢私雇，仍每季申轉運司差官點檢。」〔註56〕因此，對這些費用支出，轉運使也必須點檢上奏。

轉運使的「巡歷奏狀」要按照一定的公文格式填寫，其格式如下：

監司歲具巡按奏狀

具位

　準

令云云臣某年分遍歷所部州縣巡按，今有下項事件須至奏聞者

　一平反冤訟共若干件共計若干人（無即云無）

　　某州

　　　某處

　　　　某公事若干件

　　餘州依此開

　一搜訪利害共計若干件（無即云無）

　　某州

　　　某處

　　　　某事利害若干件

　　餘州依此開

　一薦舉循吏若干人（無即云無）

　　某官任某州某縣某差遣某人委有是何治狀顯著，臣已具奏

　　　聞訖

　　餘人依此開

　一按劾奸贓共計若干人（無即云無）

　　某官任某州某縣某差遣某人緣犯是何奸贓事本司於某年月日具事因何

如按劾

　　了當

　　餘人依此開

　右謹件如前謹件錄奏

　聞謹奏

　　　　年　　月　　日依例程〔註57〕

〔註56〕《慶元條法事類》卷七。

〔註57〕《慶元條法事類》卷七。

從上述內容來看，轉運使巡歷的重點在於按察吏治和刑獄，似不在財政管理。

不過，事實上，轉運使作為中央的派出機構，本身就是一路財政的主管，在巡行按部過程中，自然也負有財政監察的任務，即「檢察儲積，稽考帳籍」〔註58〕，督察州縣官吏以及地方監當場務等稅收官員是否在財賦帳籍上下其手，謀取私利。《宋會要輯稿》云：

> （端拱二年七月）諸路轉運使、副……自今並須不住巡案所部州府軍監，察訪利害，提舉錢帛糧草，無令積壓損惡，及信縱欺隱官物，並淹延刑禁。〔註59〕

> （咸平）六年十一月詔曰：漕運之職，表率一方，如聞邇來頗懈巡按，鄉閭疾苦安得盡知？官吏能否，若為詳察？特行戒諭，用警因循，宜令諸路轉運使、副自今遍往管內點檢錢穀、刑獄、察訪官吏及公私利害，從長施行。〔註60〕

> （皇祐五年正月丁未）詔廣南東西、湖南、江西路轉運判官，每因巡歷，除本司牒委及依條點檢刑獄錢穀盜賊等事外，如有廢置利害及舉劾移易官員，並與轉運使同共施行。〔註61〕

由此可知，除察訪吏治刑獄，點檢錢穀亦是轉運使巡歷工作的核心。

（三）轉運使巡歷制度的實施狀況

如前所述，宋代中央委以轉運使「代天子巡狩」之責，對其要求並不限於財政方面。正如曾鞏在代神宗起草的一道制文中所說的：

> 朕擇遣使者，分部而治，雖以將漕為稱，然實總民政之舉措，察吏屬之能否。蓋連數十城之地，舉而屬之，其選豈不重哉？爾詳練敏明，宜服予採。蓋爾之職，非止於督賦斂、斷獄訟而已。惟除苛熄擾，可以使民遂其宜，惟務實去華，可以使吏飭其行。宣恩德而美風俗，待爾能善其官。〔註62〕

所以，轉運使如果比較認真地履行巡歷職責，可望在澄清地方吏治、訪問民生困苦、平反冤獄、穩定社會秩序等方面發揮積極作用。

〔註58〕《宋史》卷一六七，《職官志》七。
〔註59〕《宋會要輯稿》食貨四九之七。
〔註60〕《宋會要輯稿》食貨四九之一〇。
〔註61〕《續資治通鑑長編》卷一七四，仁宗皇祐五年正月丁未條。
〔註62〕《曾鞏集》卷二一，《許懋兩浙運副制》。

例如，太宗雍熙四年（987 年），國子博士范正辭爲江南轉運副使，「饒州民甘紹者，積財鉅萬，爲群盜所掠。州補繫十四人，獄具，將死。正辭行部，引問之，囚皆泣下。正辭察其非實，命徙他所詢鞫」〔註63〕。眞宗大中祥符五年（1012 年），趙稹爲益州路轉運使，「蒲江縣捕劫盜不得，而官司反繫平民十數人，楚掠強服之，又合其辭若無疑者。稹適行部，意其有冤，乃馳入縣獄，因盡得其冤狀，釋出之」〔註64〕。仁宗朝時，楊察任江南東路轉運使，「及行部，數摘奸隱，眾始畏伏」〔註65〕。王立曾擔任多路轉運使，他的治績更能說明問題。天聖四年（1026 年），王立爲「夔州路轉運使。施州徼外蠻夷，利得賜物，每歲求入貢者甚眾，所過煩擾，爲公私患。立奏令以貢物輸施州，遣還溪洞。」其後「歷江南東、陝西、河北、河東路轉運使。并州有群盜，攻劫行旅，州縣不能制。立行部至并州，選巡檢軍士十五人自隨，陽云以護行裝，微調知盜處，掩捕盡獲之，五日中獲十八人，盜賊遂息」〔註66〕。英宗朝時，「蜀地遠民弱，吏肆爲不法，州郡公相饋餉」，趙抃爲益州路轉運使，「以身帥之，蜀風爲變。窮城小邑，民或生而不識使者，抃行部無不至，父老喜相慰，奸吏竦服」。〔註67〕

轉運使於行部點檢錢穀，按視府庫，掌握地方財政狀況，兼按察官吏。「轉運使……巡歷至州，即取簿點檢，仍察其違失者施行。」〔註68〕仁宗慶曆四年（1044 年），淮南都轉運按察使王素「行部至郡邑場務，所問者課額羨與否而已，未嘗毛舉細故，以摘發官吏。人初視之，若闊於事情，而所布耳目實甚廣，間有被劾者，皆罪法必得。故人人若素坐視其家，而莫敢爲非」〔註69〕。英宗時，趙抃任河北都轉運使，行部至大名時，按視府庫，「賈昌朝遣其屬來告曰：『前此監司未有按視吾藏者，公雖欲舉職，恐事有不應法者奈何？』抃曰：『舍大名則列郡不服矣。』即往視之」〔註70〕。這方面的例證還有不少。總之，轉運使巡歷制度對於宋朝中央加強地方控制發揮了不小的積極作用。因此，有宋一代，巡歷制度始終是中央規定的轉運使履行職責的必須形式。

〔註63〕《續資治通鑒長編》卷二八，太宗雍熙四年九月庚辰條。
〔註64〕《續資治通鑒長編》卷七七，眞宗大中祥符五年二月甲子條。
〔註65〕《宋史》卷二九五，《楊察傳》。
〔註66〕《涑水記聞》卷一二。
〔註67〕《宋史》卷三一六，《趙抃傳》。
〔註68〕《續資治通鑒長編》卷一七九，仁宗至和二年四月辛亥條。
〔註69〕《續資治通鑒長編》卷一五〇，仁宗慶曆四年六月庚戌條。
〔註70〕《續資治通鑒長編》卷二〇一，英宗治平元年四月辛未條。

但是，宋代轉運使巡歷制度在實施中也存在不少弊病，產生一些消極效果。

首先，**轉運使對巡歷之事屢有怠慢**。如仁宗明道二年（1033 年）十二月四日，中書門下訪聞「諸路轉運使、副，多不遍於轄下州軍巡歷」，〔註71〕儘管政府三令五申，但轉運使副依然「便文苟簡，多不遍行所部」。〔註72〕到了南宋孝宗時期，漕使不出巡及出巡縱容屬吏騷擾民間的現象頗為常見。《宋史全文》記載：

> （乾道五年）九月丁巳，中書門下省勘會，諸路監司，近來多不巡按，官吏貪惰，無所畏憚。間有出巡去處，又多容縱隨行公吏等乞覓騷擾。理宜約束。詔諸路監司今後分上下半年依條巡按，詢訪民間疾苦，糾察貪惰不職官吏，仍具詣實以聞。如敢依前容縱公吏等乞覓騷擾，當議重置典憲。〔註73〕

孝宗對新任江東轉運副使的程大昌的一番囑咐，也讓我們瞭解當時轉運使對於怠於巡歷的情況。史載：

> （乾道五年）新江東運副程大昌朝辭。上宣諭曰：「近來監司多不巡歷，卿為朕遍行諸州，察守令臧否，民情冤抑，悉以聞奏。」
> 〔註74〕

因此，宋代轉運使巡歷制度在實施中就出現中央不斷要求，而轉運使常有懈怠的矛盾現象。不少轉運使官員為何會不顧中央命令懈怠巡歷職責？就筆者所見史料沒有給出明確的解釋，不過從字裏行間我們還是可以尋找、歸納出一些原因。

從客觀上看，由於所管轄地域廣闊，受交通與氣候的限制、經費的制約，加之時限緊迫、任務繁重，轉運使要真正做到在規定時間內遍歷所部，其實難於勝任。

哲宗元祐四年（1089 年）九月，左司諫劉安世說：「監司之官坐制一道，多至三十餘州，少者亦不減十餘郡也。」〔註75〕按照當時的交通條件，要在一年或半年之內遍巡數十個州縣，無疑是舟車勞頓，頗費時日的。因此北宋

〔註71〕《宋會要輯稿》食貨四九之一三。
〔註72〕《宋會要輯稿》職官四五之一，神宗元豐三年五月二十六日。
〔註73〕《宋史全文》卷二五上。
〔註74〕《皇宋中興兩朝聖政》卷四七。
〔註75〕《續資治通鑑長編》卷四三三，哲宗元祐四年九月乙未條。

時期一些偏遠的地方常常存在「轉運使憚其遠惡，復不能巡歷按劾」之處。〔註76〕南宋初期官員也是批評轉運使「近來僻遠郡邑例皆不往，其能週知吏之能否，民之疾苦乎？」中央政府之所以「戒飭申嚴，俾令遍歷」〔註77〕，就是針對這種情況。

就巡歷所需時間而言，要在一年之內對部內數十上百的州縣巡歷周遍，本來就有困難，要麼走馬觀花，要麼蜻蜓點水，難於深入掌握實情。哲宗時，王覿上奏說：「大率一路之間，郡縣百數，巡歷經年，未能周遍。官吏之能否，民間之利病，非熟見而詳察之，未易得其實也。」〔註78〕何況有時中央政府還有特別急促的時限要求，如南宋建炎年間曾要求「監司限兩月，悉具部內知州治行臧否連銜聞奏」〔註79〕。這顯然給轉運使完成巡歷任務造成很大的客觀困難。

其次，從中央的政策層面上看，也有一些具體原因導致轉運使巡歷缺乏實效。

例如，宋代對轉運使等監司的遷轉過於頻繁，他們因在一路的任期不是很長，「坐席未暖，已或有欲去之心」。這就使有些轉運使「雖有高才遠慮，何暇施為？」所以不少轉運使官員出於任期不長的考慮，巡歷常流於形式，「習為因循苟簡，以幸替去，弊事無所革，污吏不知畏，長久之策，置而不問。」〔註80〕正如神宗時同知諫院張琥所指出的：「近者監司所至，方譜知利害又已移領他路，使好進之人，因緣苟簡，不肯竭力以圖實效。」〔註81〕

再如，有的時期中央對轉運使等監司官員的用人及獎懲取向，也直接影響轉運使巡歷的實際效果。王安石變法失敗後，哲宗元祐元年（1086 年），監察御史上官均言：「諸道監司……妄意朝廷風旨，一切以苟簡縱弛為事，疲懦污庸之吏，視而不劾，紛糾紊繆之政，知而不察，外求寬厚之名，以要譽於一時。」〔註82〕元祐三年（1088 年）五月，戶部侍郎蘇轍指出：「諸道監司，自近歲以來，觀望上下，無復勵精之實，妄意朝廷以不親細務為高，以不察奸吏為賢，於是巡歷所至，或不入場務，不按有罪。郡縣靡然承風，懦者頹

〔註76〕《包孝肅奏議》卷三，《請選廣南知州》。
〔註77〕《建炎以來繫年要錄》卷一六八，高宗紹興二十五年二月壬辰。
〔註78〕《宋朝諸臣奏議》卷七三，王覿《上哲宗乞監司久任》。
〔註79〕《建炎以來繫年要錄》卷二〇〇，高宗紹興三十二年八月丙寅條。
〔註80〕《宋朝諸臣奏議》卷七三，王覿《上哲宗乞監司久任》。
〔註81〕《續資治通鑒長編》卷二三九，神宗熙寧五年十月辛丑條。
〔註82〕《續資治通鑒長編》卷三九二，哲宗元祐元年十一月壬午條。

弛，權歸於吏，貪者縱恣，毒加於民。四方嗷嗷，幾於無告。」〔註83〕當時，對監司巡歷「無復勵精之實」這一現象的成因，御史中丞胡宗愈有較明白的解釋。他說：

> 竊惟朝廷外置諸路監司，以爲耳目之官，提振綱紀。天下官吏有貪墨而不廉者，有違越而無操者，有殘毒而害民者，有偷惰而弛職者，一切使之檢察其實以聞，朝廷所賴以廣聰明於天下而行廢黜。
>
> 向來所擢監司，多輕銳殘酷之徒，惟以矯激爲務，擊搏爲能，刻核太深，以希進擢，而不恤朝廷爲治大體，以至擷拾微細，以資苛察，恣情尚氣，凌辱衣冠。朝廷略行懲革，以戒過當，如江南西路提舉官曾孝廉之類是也。
>
> 訪聞近日天下貪濫殘酷偷惰之徒，惟務此以藉口，抗忽監司，以爲朝廷方行寬厚之政，監司不敢按舉，所在恣爲不法不職。爲監司者，有內無所守之人，反務觀望，不體朝廷用中之意，坐視部下官吏貪婪違越，肆爲不法，苟簡偷惰，墮廢職業，並不戒勵督察，一向縱弛，卻致養成官吏過惡，陷入深文，以至事務不舉，綱紀頹壞。此風浸長，深害治體。
>
> 書曰「寬而有制」，不云姑息容奸，欲望朝廷特降指揮，明賜戒敕天下州縣官吏，仍指揮諸監司常務平允覺察，不得縱弛容長貪濫殘酷偷惰之輩，傷民弛職，庶幾官吏人人勉勵，不惟修舉職業，不致廢務，兼亦上下醇厚，有助風化。詔箚與諸路及府界監司，仍令御史臺覺察。〔註84〕

胡宗愈所言說明朝廷對於監察力度的調控和對官員獎懲評價尺度的調整，造成包括轉運使在內的監司因揣度中央政府之意圖，而致監察效果降低，地方出現事務不舉，綱紀敗壞的現象。

復次，從州縣政府的角度看，也有一些具體原因會導致轉運使巡歷流於形式。例如，轉運使巡歷時干擾了州縣的正常政務，州縣不勝其煩，應付了事。如哲宗元祐元年（1086年）二月，臣僚上言：

> 竊見祖宗朝，爲天下州、縣守令僻在遐遠，多不修舉職事，遂於諸路措置轉運使，按察糾舉，使諸路郡守、縣令無不職之人，則

〔註83〕《續資治通鑑長編》卷四〇〇，哲宗元祐三年五月丙午條。
〔註84〕《續資治通鑑長編》卷四〇〇，哲宗元祐三年五月丙午條。

天下至廣，壹無冤枉。故知轉運使之職，非小補也。而後任用至久，
弊病寖生，又至運司續添管勾官。雖得人，已是煩冗，不得人，奸
巧媚上。凡一州、郡，已是事多，加之數人職司，文檄往復，與舊
叢委，糾察廢置，與舊繁多，一州一縣，莫不騷擾。〔註85〕

再如，轉運使巡歷重在糾舉官吏，「郡縣望風畏栗，大抵以趣辦爲事，類文具
而無實，不暇長計遠慮」〔註86〕，地方官員的迎合態度也影響轉運使巡歷處
理政務時的眞實效果。又如，轉運使巡歷一度採用的「刷牒」制度，也影響
巡歷的實效。宋代轉運使巡歷之前要預先向所部州縣發放公文，即「前期移
文」，告知所部州縣此次出巡要檢查的項目，使州縣官吏事先準備。這種發文
形式稱爲「刷牒」，在宋徽宗宣和元年以前是常制。在官僚政治制度下，這種
刷牒的弊病是顯而易見的，即給予州縣官吏弄虛作假、欺下瞞上的準備時間。
因此，宣和元年（1119年）十一月十八日，臣僚上言：

> 竊見監司提案一路事，於州縣法令之當檢察者，其目不一，每
> 遇按行，指謫點檢，多不過數事，前期移文，號爲刷牒。官吏承報，
> 必預爲備，而文之所不載者，曾不加省。故吏或因循，浸多曠職失
> 實，由檢案之不嚴也。欲乞明詔部使者，巡按所至，各具所隸事目，
> 不以鉅細，臨時摘取點檢，不得預行刷牒，州縣既莫知所備，則必
> 事爲之戒，當使庶務畢舉，固有闕遺矣。〔註87〕

徽宗加以採納。轉運使巡歷前的刷牒制度至此才被取消。

宋代中央政府試圖借助轉運使控馭地方，同時也對轉運使與地方官員過
往從密頗爲敏感，因此禁止地方官員迎接轉運使巡歷。太宗雍熙四年（987年）
十月，河北轉運使劉蟠上奏稱：

> 諸道州府監當使臣有條不得迎接，近來多不遵守。不惟住滯公
> 事，其間亦有情弊。望令今後知州、通判、知軍、知監，並監當場
> 務京朝官、使臣，不得出城迎送轉運使。〔註88〕

朝廷從其請，並規定如有「違者重置之法」。此後，禁止州縣官員出城迎送成
爲轉運使巡歷必須遵守的規定。慶曆八年（1048年）八月，朝廷又下詔：「諸
路州軍迎送安撫、轉運、提點刑獄及諸使人，須至館方許過詣，仍不許於道

〔註85〕《續資治通鑑長編》卷三六七，哲宗元祐元年二月戊子條。
〔註86〕《續資治通鑑長編》卷三九二，哲宗元祐元年十一月壬午條。
〔註87〕《宋會要輯稿》職官四五之一三。
〔註88〕《宋會要輯稿》食貨四九之六。

路排頓，違者以違制論，其受亦如之。」〔註89〕及至南宋，朝廷禁止地方官員出城迎送轉運使巡歷。紹興二十七年（1157年）八月八日，左司諫凌哲上言：

> 比來州縣官吏每遇監司巡按，帥守移替，例皆傾城遠出焉，監司帥守者亦輒受而不辭，乞嚴飭於諸路監司帥守，互相覺察，應所屬見任州縣官，不應迎送而輒出迎送與不應受而輒受之者，並須依公按舉置之典憲，其或徇情容庇，委御史臺彈奏。〔註90〕

不過，雖然有明文禁止，實際上地方官員迎來送往的事情還是普遍存在，並且形成一定的禮儀。洪邁在《容齋三筆》卷三記載：

> 今監司巡歷郡邑，巡檢尉必迎於本界首，公裳危立，使者從車內遣謁吏謝之，即揖而退，未嘗以客禮延之也。至有倨橫之人，責橋道不整，驅之車前，使徒步與卒伍齒者。予記張文定公所著《縉紳舊聞》中一事云：「余為江西轉運使，往虔州，巡檢殿直康懷琪乘舟於三十里相接，又欲送至大庾縣，遂與偕行及至縣驛。驛正廳東西各有一房，予居其左，康處於右。日晚命之同食，起行數百步，逼暮而退。夜聞康暴得疾，余亟趨至康所，康已具舟將歸虔。須史數人扶翼而下，余策杖隨之。」觀此則，是使者與巡檢同驛而處，同席而食，至於步行送之登舟，今代未之見也。

州縣官員除講究對轉運使巡歷的迎來送往禮節之外，還有不少經費開支。所以徽宗政和八年（1118年）三月五日詔稱「監司按察一路……部曲有迎送之勞，官司有饋送之費」〔註91〕。南宋時，包括轉運使在內的諸監司，巡行地方，「多受饋餉，行部例有折送錢物數目至多，又有無忌憚者」〔註92〕。這種情況對民間煩擾頗大，高宗紹興三十一年（1161年）二月二日，軍器監主簿楊民望即言監司三弊，曰：

> 按吏所以除民之蠹賊，而忤己者搜索其過，奉己者容庇其罪，以示威福，一也；巡按所以察郡縣，而卒伍菲屨之資，胥吏囊橐之賄，一縣或踰千緡，二也；……以公使奉其奢華，不足以示儉，宴

〔註89〕《續資治通鑑長編》卷一六五，仁宗慶曆八年八月壬辰條。

〔註90〕《宋會要輯稿》職官四五之二一至二二。

〔註91〕《宋大詔令集》卷一六四，政和八年三月五日《監司郡守自今三載成任不許替成資闕詔》。

〔註92〕《宋會要輯稿》職官四五之三一，淳熙三年二月八日。

會迭送錢，計其月收，過於供給，不足以訓廉，三也。此三者，監
司之弊。〔註93〕

影響轉運使巡歷效果的還有一個關鍵性因素，即轉運使官員其人的道德品
質、政務能力。咸平初年，眞宗曾對宰相說：

轉運使按察官吏，事權甚重，任非其人，則州縣受弊。近地猶
易爲聽察，遠方固難便聞知。太寬則弛慢，太猛則苛刻，必須廉平
之吏，寬猛適中。卿等其謹擇之。〔註94〕

而實際上宋代對不少轉運使擇用非宜。眞宗時，孫何任兩浙轉運使，「性卞
急不容物，爲使者，專任峻刻，所至州郡，刺察苛細，胥吏日有捶楚，官屬
多懼譴罰，人不稱賢」〔註95〕。天禧年間，屯田員外郎郭乘上書說：「諸路
轉運使……所至州軍，務爲苛暴，無益治道，望行戒約。」眞宗大爲感歎地
說：「大凡振舉綱維，繫乎其人，苟能酌中，何煩戒勖？朕所以夙夜虛佇，
謹擇良能，蓋爲此也。」〔註96〕轉運使官員如何「寬猛適中」地處理地方事
務，直接關係到巡歷的效果。哲宗時，劉摯論及河北、河東、陝西三路政事，
指出：「河北、河東、陝西素號劇部，向來所用使者出於暴進，多非更歷民
事，人微望輕，雖自過爲威刻，而下終不服。」〔註97〕神宗熙寧九年（1076
年），侍御史周尹上言，指責河北西路轉運判官李稷爲政苛刻，隨意淩辱州
縣官員，略云：

河北西路轉運判官李稷苛刻佻薄，務爲氣勢，摧辱官吏。至相
州，專捃吏人小過，委官決責，務以淩蔑韓琦。從來州有兩門，其
東知州出入，其西以待賓客，稷怒闔者不啓東門，追赴本司杖之。
知琦適與客會食，故往謁琦，琦聞稷來，徹食退客，遽易冠帶迎稷，
稷復引去。行移公牒，言詞侮慢。吏民皆以琦將相大臣，而爲稷肆
意輕辱，萬口嗟憤。及體量司程之才等欲案劾其人，乞罷稷監司，
以快眾怒。據稷罪狀，如修趙州城枉費財用，暴伐林木，當北使路
削白文書充修城木，後安撫司恐北使見之，遂遣人塗抹。又移牒相
州通判稱，郡守以下不如一逃走賊人。意在罵琦。又牒諸州稱，如

〔註93〕《宋會要輯稿》職官四五之二三。
〔註94〕《續資治通鑑長編》卷四三，眞宗咸平元年九月丁丑條。
〔註95〕《續資治通鑑長編》卷四七，眞宗咸平三年六月丙寅條。
〔註96〕《續資治通鑑長編》卷九〇，眞宗天禧元年六月戊辰條。
〔註97〕《宋朝諸臣奏議》卷六七，劉摯《上哲宗乞推擇監司與民休息》。

課利增剩，即其他細事一切不問；如課利虧少，即一一案劾前後不
法。又沮抑體量司般糧種等事，未睹朝廷施行。〔註98〕

朝廷查實此事後，「詔菑與稷令知，尋命稷與河北東路轉運判官汪輔之兩易其
任」。

有的轉運使在巡歷中行為輕妄，舉動驕恣，大失所望。如神宗熙寧年間，
「權京西轉運使吳幾復在部二年，因循不職，舉動驕恣，眾所輕鄙。去夏巡
歷至許州陽翟縣，寓止程戡家，戡之諸子皆出官，惟戡寡妻與婢妾同居。幾
復託以連姻，留飲數日，沾醉失度，顛倒衣冠，道路傳笑。」〔註99〕哲宗元
祐七年（1092 年），殿中侍御史吳立禮言：「知潁州晏知止新除知鄧州。按知
止庸懦不才，貪污無恥，昨任成都府路轉運使日，每巡歷州縣，殊不以觀省
風俗、按察官吏為意，專務營私，誅求無厭，自當投置閒散，以戒貪夫。」
詔知止知壽州。〔註100〕

綜上，巡歷制度是宋代轉運使履行職責的重要形式，轉運使通過巡歷所
部定期地按察吏治和干預地方政務，是代表中央加強地方控制的重要手段，
曾發揮一定的積極作用。但由於主客觀的諸多原因，轉運使巡歷制度在實施
中也存在著執行不力、流於形式以及干預地方政務不當、增加州縣政府迎送
負擔等多種弊端。但總的來說，建立和實施轉運使等監司巡歷制度，是宋代
對中國古代監察制度和地方控制手段的繼承和創新。

二、轉運使履行職責的其他方式及其影響

轉運使既負有內廣朝廷之聰明，外究生民之利害〔註101〕的重任，單靠巡
歷一種方式顯然不足以全面履行其職責。因此，轉運使還必須採取其他方式
履行職責，以實現地方控制。這些方式主要有：

（一）移文州縣

轉運使通過移文州縣官員的形式，即「監司移文於郡守」〔註102〕，傳達
和處理一些政令。宋廷也明文規定「州縣長吏應受制敕暨三司、轉運使移文」

〔註98〕《續資治通鑑長編》卷二七七，神宗熙寧九年八月乙酉條。
〔註99〕《續資治通鑑長編》卷二三五，神宗熙寧五年七月壬午條。
〔註100〕《續資治通鑑長編》卷四七四，哲宗元祐七年六月丁丑條。
〔註101〕《宋朝諸臣奏議》卷六七，石公弼《上徽宗論監司不得人而走馬奏事》。
〔註102〕《建炎以來繫年要錄》卷五四，高宗紹興二年五月丙戌條。

〔註103〕。譬如，轉運使在計度一路財賦時，規定稅收標準，州縣則實際負責徵收，如有違犯，則會受到懲處。仁宗慶曆四年（1044年），「江西轉運使移屬州，凡市末鹽鈔，每百緡貼納錢三之一，通判吉州李虞卿受賕免貼納，事覺，大理將以枉法論。知審刑院丁度曰：『枉法，謂於典憲有所阿曲。虞卿所違者，轉運使移文耳。』遂貸虞卿死。」〔註104〕哲宗元符元年（1098年），陝西都轉運司言，「乞今後應川路州軍起發到發副本路綿絹，如有偽濫不堪，其元買納處當職官吏，許從本司移文所屬轉運司，取勘具案聞奏。」〔註105〕轉運使於行部按視府庫也有提前移文通知州縣長官的，如「文潞公判北京，有汪輔之者新除運判，……輔之移文定日檢按府庫」〔註106〕。

對於一些緊急事務，轉運使也通過移文讓州縣執行。皇祐四年（1052年），儂智高暴動，眾至廣州，「轉運使王罕巡按至梅州，聞之，亟還番禺。鄉村亡賴少年，乘賊勢互相剽掠，州縣不能制，民遮馬自訴者甚眾。罕乃下馬，召諸老人坐而問之，曰：『汝曹嘗經此變乎？』對曰：『昔陳進之亂，民間亦如是。時有縣令，籍民間強壯者，悉令自衛鄉里，無得他適。於是鄉村下不能侵暴，亦不能侵暴鄰村，一境獨安。』罕即遍移牒州縣，用其策，且斬為暴者數人，民間始安。」〔註107〕

（二）發佈榜文與「粉壁」

對於需要民眾知曉的政令，比如轉運使在計度財稅時，要向納稅人示曉稅法以及告知繳稅期限，通常是採用發佈榜文的公文形式。《慶元條法事類》卷三六規定：

> 諸稅務以收稅法並所收物名稅錢則例，大書版牓揭務門外，仍
> 委轉運司每半年一次再行體度市價增損適中行下，應創立者審定，
> 申尚書戶部，仍並給文牓於要鬧處，曉示旅客通知。

據《續資治通鑑長編》記載，中央政府的政令有時也由轉運使「出榜曉諭軍民，令一路曉然」〔註108〕。轉運使行勸農之職，指導當地農業生產時，也利

〔註103〕《宋會要輯稿》職官四五之三。
〔註104〕《續資治通鑑長編》卷一四七，仁宗慶曆四年三月丁亥條。
〔註105〕《續資治通鑑長編》卷四九五，哲宗元符元年三月戊午條。
〔註106〕《邵氏聞見錄》卷十。
〔註107〕《涑水記聞》卷十三。
〔註108〕《續資治通鑑長編》卷四六一，哲宗元祐六年七月己巳條。

用發放文榜的方式。如真宗大中祥符五年（1012年），江淮兩浙路出現輕微旱情，「水田不登」，朝廷「乃遣使就福建取占城稻三萬斛分給三路，令擇民田之高仰者蒔之」，為了使占城稻從福建向江淮一帶初步推廣，宋廷「仍出種法付轉運使」，由轉運使「揭榜諭民」。〔註109〕

與書寫榜文這種形式相類似，轉運使在行部還利用「粉壁」作為公佈和宣傳政令的載體。粉壁，是指經過粉刷、可供書寫的牆壁。有關騷人墨客在粉壁上寫詩作畫的記載屢見於史籍，粉壁成了他們個人進行文藝創作的園地。同時，古代朝廷和官府也很早就利用粉壁來錄寫、公佈詔敕政令，粉壁又成為傳佈官方告示的載體。〔註110〕宋代轉運使就時常利用粉壁傳佈政令。如哲宗紹聖年間，丞相賈昌朝之子賈春卿知蘇州，除兩浙轉運使，「在蘇州粉壁出賞斷人穢語，罰錢入官，造樂籍堂。貧民力不能輸金，自縊死者數人。」此事在元符年間受到臺臣的追查，賈春卿也因此改知河中府。〔註111〕再如，王庭珪《盧溪文集》卷二七《與宣諭劉御史書》云：

> 至今提刑司出榜放，轉運司出榜催。兩司爭為空文，俱掛牆壁。以此周百姓可也，朝廷可欺乎？至於比年以來，御書寬恤及平反刑獄等詔，則雖牆壁亦未嘗掛。項傳大旆壓境之始，紛然勞民，造亭宇粉壁，榜其上。視其後，乃紹興三年三月書。其滅裂文具，雖兒戲尚不如此。

可見通過粉壁傳示政令是轉運使常用的手段。

由於粉壁極易損壞，時常要加以修葺，不是理想的宣傳公文、政令的載體，高宗紹興四年（1134年）二月二十三日下詔：

> 今後諸路有頒詔令，並仰監司關報州縣，真書文字鏤板印給於民間，仍約束巡、尉不得以修葺粉壁為名差人下鄉騷擾，以臣僚言置立粉壁之弊也。〔註112〕

紹興十年（1140年）九月，「侍御史汪勃請以給舍看詳到裕民事目，令監司鏤板散下州縣，使民通知，仍劾其稽違。」宋廷採納了他的建議。〔註113〕可知從南宋初期起轉運使將文告改用雕版印刷後加以張貼，粉壁逐漸被棄用。

〔註109〕《續資治通鑑長編》卷七七，真宗大中祥符五年五月戊辰條。
〔註110〕高柯立：《宋代粉壁考述》，《文史》，2004年第1期。
〔註111〕《姑蘇志》卷三九。
〔註112〕《宋會要輯稿》刑法二之一四八。
〔註113〕《建炎以來繫年要錄》卷一五四，高宗紹興十年九月丁卯條。

（三）差官代辦指定公務

宋代轉運使掌一路財賦，巡行部內，須檢視各州縣府庫簿籍，考察州縣官員治績，事務頗爲繁複，如果凡事要親歷親爲，必然分身乏術，貽誤公務。針對這一客觀情況，宋廷允許轉運使奏辟所屬州府的掌書記、判官、推官、監當官等州縣官員，代表轉運使去處理指定的公務。這也是宋代任官制度中「官」與「差遣」相分離特色的體現，所謂「官以寓祿秩、敘位著，職以待文學之選，而別爲差遣以治內外之事。」〔註114〕

轉運使差遣州縣官辦理指定公務的事例並不少見，如「眞宗景德中於京淮江浙置倉，令轉運司差州縣官專掌之，置場糴同前」。〔註115〕轉運使差官辦理的事務還包括定賦役戶等〔註116〕、鞫問贓私〔註117〕、災傷減放〔註118〕、檢括逃戶〔註119〕，等等。

值得特別指出的是，轉運使差遣部內官員辦理指定公務，不僅僅是由於事務繁多，自己無法一一過問，還出於提高實務處理效率的考慮。所以轉運使差遣的官吏一般都選擇比較熟悉地方政務的。這從轉運使派遣部內官吏的身份及其履職情況可以得到佐證。史實對此多有記載，茲臚列若干事例，示如下表（詳見本書第72頁），以助說明。

轉運使差遣最多的是縣級官員，因此嚴重影響縣級政務的日常管理。天

〔註114〕《宋史》卷一六一，《職官志》一。

〔註115〕《群書考索》後集卷五六。

〔註116〕《續資治通鑑長編》卷二一，太宗太平興國五年二月丙午條載：「京西轉運使程能上言：『諸道府州農事徭役者未嘗分等，慮有不均，欲望下諸路轉運司差官定爲九等，上四等戶令充役，下五等戶並與免。』詔令轉運使躬親詳定，勿復差官。」案：實際上轉運使無法做到躬親詳定，多數情況應該都是主持辦理。

〔註117〕《續資治通鑑長編》卷六六，眞宗景德四年七月戊辰條載：「審刑院言，諸路脫漏丁口輦運金帛儲糧，止緣失誤，其命官、使臣無私贓罪案，望止付三司奏斷訖報法寺。又，法寺與勘命官，內檢斷不當、公事失錯或保任無狀，止是公坐不至追官者，並止委轉運司差官鞫問，如無情弊，即依法罰訖以聞。並從之。」

〔註118〕《續資治通鑑長編》卷一七三，仁宗皇祐四年九月戊申條載：「詔鎮、定等路水災，其除積年欠負；今年秋稅仍令轉運司差官減放以聞。」同書卷二九一，神宗元豐元年丁未條載：「詔河北轉運司差官體量被水人戶災傷及七分處再檢視，蠲其稅，不及七分者，並檢覆，即依法施行。」

〔註119〕歐陽修：《歐陽修集》卷一一六，《河東奉使奏草卷》下，《乞減放逃戶和糴箚子》載：「今欲乞下轉運司，差清幹官三兩人，於并、代等十五州軍係有和糴處，檢括已逃人戶。」

聖二年（1024年），由於「諸州軍累言屬縣令佐因年滿放罷，及轉運司差往他處比較課利，有一縣全闕官者」，縣政廢弛，仁宗爲此下詔規定：「諸路州軍自今常留縣令管勾簿書催督稅賦及理婚田詞訟，不得差出勾當小可公事，及於縣鎮道店場務比較課利。」爲避免轉運使過多差使州縣官員，朝廷開始在一些路分爲轉運使配備可供其差遣的官員。眞宗天禧四年（1020年）正月，「詔銓司增注桂、廣等州幕職官常及五員，擇壯年幹事者充，令供本職外，仍備轉運、刑獄司差遣。」慶曆二年（1042年），朝廷下詔，「陝西轉運司自今無得差知縣出外」，派遣「大理寺丞安保衡等五人往本司，以備差使」。〔註120〕

轉運使可以差遣部內官員處理政務之外，還可差用權官。政府官員缺位，可暫由他官臨時代理，這種做法在漢代稱爲「行」，在唐代稱爲「攝」。雖然宋代極力控制地方官的任命權，可是北宋末年，權攝官數量逐步增多，其中即有轉運使於法外用權官頂替正官的情況。轉運司「影占窠闕，以便權官，雖朝廷所差、吏部所注正官之任，多是託以它說，不肯放上。士人無所告訴，銜冤困餒，而權攝之官安享祿利，其廢法未有如此者」〔註121〕。孝宗時，「宰邑有爲監司郡守不樂者，諭令請祠，尋醫而去，卻委群僚攝事」〔註122〕。寧宗朝，「沿邊守倅方闕，爲監司者，或應親故之求，或爲幕屬之地，隨即差權，蠹耗帑藏，實爲害政」〔註123〕。如此權官，給地方治理帶來諸多消極影響。權官者不務職事，奉己營私，「何暇盡心於民事」，敗壞地方吏治，政事因循苟且，騷擾社會。〔註124〕

轉運使由於公務繁忙，除了需要有他官供差出之外，本司的日常公務也缺乏人手處理，因此又產生調遣州縣官員到本司處理公務的現象，這同樣影響了州縣政務。仁宗皇祐元年（1049年）六月，由於「臣僚上言，諸路轉運使自令部下幕職、州縣在司」。朝廷規定「諸路轉運使不得差官在本司點檢或管勾文字、勾當公事」。〔註125〕管勾文字、勾當公事都是後來轉運使的屬官名稱，可見仁宗時轉運使尚無這些屬官。神宗以後，轉運使屬官制度正式確立。

〔註120〕《續資治通鑑長編》卷一三五，仁宗慶曆二年二月丙戌條。
〔註121〕《歷代名臣奏議》卷二一三。
〔註122〕《宋會要輯稿》職官四八之四一，淳熙五年十月三日。
〔註123〕《宋會要輯稿》職官六二之五六，開禧三年八月十日。
〔註124〕苗書梅：《論宋代的權攝官》，《河南大學學報》，1995年第3期。另見氏著《宋代官員選任和管理制度》。
〔註125〕《宋會要輯稿》食貨四九之一五。

熙寧初年，朝廷允許河北、河東、陝西「三路漕臣令自闢屬各二員，以京朝官曾歷知縣者爲之」。〔註126〕此時設置屬官的原因在於，熙寧初年，此三路乃戰略重地，軍需增加，轉運使供輸軍糧物資任務繁重，必須有專門官員來協助處理。

起初，朝廷規定轉運使的屬官只能在本司處理政務，不得差出辦事。熙寧三年（1070年）八月，「詔川廣等路轉運司依京東等路於京朝官知縣資序內各舉一員充管勾文字，不得差出。」〔註127〕熙寧五年（1072年），陝西都轉運使謝景溫請求勾當公事官一員在延州置廨，「專管諸城寨夏秋糶納，察訪糧草價」。朝廷認爲「置轉運司勾當官本爲使副巡歷闕人點檢簿書，今若分頭各在一處，乃與舊無異」，何況「緣邊緊要城寨近已各置主簿，足以掌糶買，其轉運司勾當官可令依元降指揮止留本司」。〔註128〕後其它監司也仿照轉運司設置屬官，同樣被要求不得差使外務。熙寧八年（1075年），「詔開封府界提點司依諸路轉運司增置管勾文字官一員，不許差出。」〔註129〕

不久，這一限制開始被突破。熙寧九年（1076年）四月十日，「詔自今諸路轉運司管勾文字官如依條差出，具因依，同轉運使巡歷文狀以聞。」〔註130〕所謂「依條差出」應該是有了制度化的規定。元豐元年（1078年）十二月，「詔轉運司管勾文字官、舉京朝官知縣人，並提刑司檢法官，各不得隨本司出巡。」〔註131〕這是禁止轉運使屬官隨同長官巡歷。元豐五年（1082年），陝西轉運判官范純粹言：「昨遣本司勾當官呂宗岳管認計備延州懷寧、浮圖寨守禦，已被受，託故不肯就事，乞先衝替。」神宗批覆，「可依奏速處分，聊警慢官小吏用心趣事，不敢玩法」。〔註132〕從神宗的批覆中，可以看出轉運使的勾當官被差出是得到朝廷認可的。

上述朝廷賦予轉運使差遣部內州縣外出代理指定事務的權限，以及爲之配備屬官處理本司事務乃至允許屬官差出等，都是宋朝根據加強轉運使履行其地方控制職能的實際需要而調整的職官政策，是務實的做法。

〔註126〕《宋史》卷一六七，《職官志》七。
〔註127〕《職官分紀》卷四七，《勾當管勾官》。
〔註128〕《續資治通鑑長編》卷二三一，神宗熙寧五年三月癸巳條。
〔註129〕《續資治通鑑長編》卷二五五，神宗熙寧七年八月丙戌條。
〔註130〕《宋會要輯稿》食貨四九之一七。
〔註131〕《續資治通鑑長編》卷二九五，神宗元豐元年十二月壬寅條。
〔註132〕《續資治通鑑長編》卷三三一，神宗元豐五年十一月壬戌條。

三、關於宋代轉運使雙重職責與地方控制的分析〔註133〕

轉運使履職其要在於「宣佈國家詔令，督察官吏善惡，一方之民休戚所繫，事任至重」〔註134〕，代表的無疑是中央政府。宋初，朝廷以「州郡之事，委漕運之臣」〔註135〕。即如范祖禹所言：

> 祖宗分天下十八路，置轉運使、提點刑獄，收鄉長、鎮將之權於縣，收縣之權於州，州之權於監司，監司之權歸於朝廷。上下相維，輕重相制，建置之道，最爲合宜。監司付以一路，守臣付以一州，令宰付以一縣，皆與天子分土而治。〔註136〕

從前述轉運使履職形式及其具體情況來看，轉運使的職任是兼行政和監察於一身。神宗在一份任命轉運使副的制文稱：

> 朕擇遣使者，分部而治，雖以將漕爲稱，然實總民政之舉措，察吏屬之能否。蓋連數十城之地，舉而屬之，其選豈不重哉？爾詳練敏明，宜服予採。蓋爾之職，非止於督賦斂、斷獄訟而已。惟除苛熄擾，可以使民遂其宜；惟務實去華，可以使吏馴其行。〔註137〕

《宋史》卷一六〇《選舉志》記載：「國家詳求幹事之吏，外分主計之司，雖曰轉輸，得兼按察，總覽郡國，職任尤重，物情舒慘，靡不由之。」可見轉運使的確「既是治民之官，又是治官之官」〔註138〕，代表中央政府的利益。這也是宋代中央政府試圖通過轉運使以行政參與的方式對地方政府進行監察〔註139〕，得以實現地方控制，是通過先分地方之事權後再集權的一種策略。

轉運使肩負的以理財爲重點的行政管理職責及以治官爲重點的監察職責，具有相輔相成，強化轉運使代表中央實現地方控制意圖的一定作用。一方面，監察職能有利於轉運使對地方政府行使理財職責，對於督辦地方履行上供職責尤其有利。宋代統治者之所以將轉運使之作用由唐代比較單

〔註133〕李立學位論文《北宋轉運使若干問題研究》中就轉運使履職雙重性特點進行專門論述，本節結合地方控制並做相關申述。
〔註134〕司馬光：《傳家集》卷二五，嘉祐七年七月九日《論因差遣例除監司劄子》。
〔註135〕《宋大詔令集》卷一九一，咸平二年八月壬申《誡約轉運使副起請事宜保舉移易官屬詳審詔》。
〔註136〕《宋史》卷三三七《范鎮傳附范祖禹傳》。
〔註137〕《曾鞏集》卷二一，《許懋兩浙運副制》。
〔註138〕金圓：《宋代監司制度述論》，《上海師範大學學報》，1994年第3期。
〔註139〕賈玉英先生在《唐宋地方監察體制演變初探》（《史學月刊》，2004年第11期）中認爲，宋代地方監察體制從「巡視按察」向「行政參與監察」逐步轉變。

一的理財職官〔註140〕發展成為理財和監察並重，無疑具有進一步加強地方控制的考慮。眾所週知，宋朝始終以加強對地方財賦控製作為地方控制的主要手段，實行高度中央集權的統收統支的財政管理體制。這既是宋代懲前唐之弊做出的選擇，也是宋代中後期財政狀況趨於緊張的應對措施。設置轉運使「以總利權」〔註141〕，就是這種意圖的體現。同時，財政是各級政府存在的經濟條件，轉運使理財職能的強化，使中央與地方政府的財政關係理加密切，正如包偉民先生所論述的：「置轉運使以掌一路之財對於州軍財政管理的主要意義，在於形成了一個比中央計司更直接、更具體、更貼近的督責機構」〔註142〕。這在很大程度上加強了中央對地方政府的控制力度。另一方面，監察職能也使宋代轉運使得以代表中央政府全面介入州縣行政，以強化地方控制。宋朝君臣對此頗有共識。眞宗曾對臣下說：「天下物宜，民間利病，惟轉運使得以週知，當召見訪問外事。」〔註143〕他在咸平元年（998年）六月己亥的一份詔書中指出：「轉運使副之職，在乎督責餽挽，計貲儲，察官吏之能否，訪生民之利病，至於招諭流徙、勸課田疇、理獄訟之冤、提簿領之要，其責所重，其務寔繁，苟非循公滅私，正己率下，則宵旰之寄，何所望焉。」〔註144〕司馬光也將轉運使監察地方行政視為「紀綱」，在給仁宗的上疏中說：「分天下為十餘路，各置轉運使，以察州縣百吏之臧否，復漢部刺史之職，使朝廷之令必行於轉運使，轉運使之令必行於州，州之令必行於縣，縣之令必行於吏民，然後上下之敍正，而紀綱立矣。」〔註145〕正是出於加強地方控制的目的，宋朝中央在選任轉運使時，經常強調要選用熟悉地方政務甚至具有管理地方政務的實踐經驗者〔註146〕。哲宗元祐元年（1086年），宋廷對轉運使官員的資序規定是：「轉運使、副……今後選一任知州以上，轉運判官，選通判一任，實曾歷親民差遣，並所至有政蹟人。」〔註147〕南宋紹興三年（1133年），根據工部侍郎李擢的請求，高宗詔令三省遵守北宋有關轉運使資序選用的規定，即「知

〔註140〕當然，唐後期轉運使的巡院巡官開始具有一定的監察職能。
〔註141〕《文獻通考》卷六一，《職官考十五》。
〔註142〕包偉民：《宋代地方財政史研究》，第26頁。
〔註143〕《宋朝事實》卷九。
〔註144〕《宋大詔令集》卷一九〇，咸平元年六月己亥《誡飭轉運職事詔》。
〔註145〕《續資治通鑑長編》卷一九六，仁宗嘉祐七年五月丁未條。
〔註146〕賈玉英：《宋代監察制度》，第327～329頁。
〔註147〕《續資治通鑑長編》卷三六八，哲宗元祐元年閏二月丙申條。

州資序以上人充轉運使副……第二任通判資序以上充轉運判官」〔註 148〕，而且還強調選任轉運使需「治郡著績者」〔註 149〕。到南宋中後期，對轉運使的人選都強調要有在州縣任官的經歷，沒有者要先試郡，待有政績才可以出任轉運使〔註 150〕，要求選「作縣有聲者」〔註 151〕充任轉運使。這種選官資格要求也反映出宋朝中央通過轉運使加強地方控制的實用目的。

宋代轉運使職責的雙重性，反映了中國古代行政的特點。中國古代行政是國家事務的全部，包括了兵刑錢穀、立法司法等，所有的事務都最終歸結於中央政府自上而下的統一的行政管理中。宋代政府擅長於垂直控制，多以垂直的行政官僚體制來駕馭地方。對於權力的監督，實際上都是來源於行政權力主體本身，監察權力的實施無法擺脫行政權力的影響。宋朝中央之所以賦予轉運使行政與監察併兼的職責，其原因當亦在此。

儘管轉運使這種行政參與監察型的履職方式，適應了當時宋代中央政府強化中央集權與地方控制的需要，而且也取得了一定成效。但是，在具體操作中，也有不少弊病。特別是監察和行政的價值取向不同所帶來的缺陷。本來，監察職能需要有相對的獨立性，才可以完全發揮其功用。但在這一點上，宋代轉運使無法滿足要求。因為，轉運使的首要任務是足上供及郡縣之費，歲行所部，考察儲積，掌握地方財政狀況，監察實際上是作為轉運使的兼領之職。這就不能避免轉運使在履職過程中二種職責產生矛盾和衝突。簡單一點說，轉運使官員限於自身精力和時間，就不可能對二項職責都盡心盡力地去完成，只能保證最為迫切需要處理的財政管理事務，在很大程度上將履行監察職能放在次要地位。歐陽修上疏仁宗，反對當時讓轉運使兼按察使之名的做法時，對這方面的情況有所述及，他說：

> 轉運使自合按察本部官吏，今若特置使名，更加約束，則於常行之制，頗為得宜，必欲救弊於時，則未盡善。……今所委轉運使，豈盡得人乎？其間昏老病患者有之，貪贓失職者有之，此

〔註 148〕《宋會要輯稿》職官四五之一八。

〔註 149〕《宋史》卷三一，《高宗紀八》。

〔註 150〕《宋會要輯稿》職官四五之三七載：「慶元元年十二月二十六日，臣僚言：『乞今後應除受監司及已除未上之人，並須曾作州縣，及歷他司者。庶幾，諸路皆受大賜，又可使人材之練歷。前來三丞嘗降指揮許作監司，今亦乞考其資歷，如不曾經歷州縣，且與見闕州郡，以試其材，俟有政績，即行陞擢，庶幾內外均一。』」

〔註 151〕《宋會要輯稿》職官四五之四四。

等之人，自當被劾，豈可劾人？其間縱有材能之吏，又以幹運財
賦有米鹽之繁，供給軍需有星火之急，既不暇遍走州縣，專心察
視，則稽遲鹵莽，不得無之。故臣謂轉運使兼按察使，不才者既
不能舉職，又不暇盡心，徒見空文，恐無實效。在於事體，不若
專遣使人。〔註152〕

總之，從轉運使的職責設定上看，其中的矛盾之處，在不小的程度上影響了
中央實現其通過轉運使加強地方控制的目的。

小　結

建立轉運使官員的巡歷制度，是宋代對中國古代監察制度和地方控制
手段的繼承與創新。巡歷制度是宋代轉運使履行職能的重要形式之一。巡
歷的主要目的旨在讓轉運使以按察地方吏治為重點，全面深入地介入地方
政務，代表中央政府加強地方控制。因此中央為督促轉運使做好巡歷製定
了各種制度。不過，由於主客觀的原因，轉運使巡歷在發揮一定的積極作
用的同時，也產生不少消極影響。轉運使也採取發佈公文、差遣官員等多
種形式履行自己的職能。從履職方式可以看出轉運使所具有的中央派出機
構的組織性質。

中央通過轉運使實施地方控制，一方面在於要求轉運使專辦財賦，在加
強財政控制的同時加強地方控制，另一方要求轉運使監察地方政治與吏治，
在加強地方吏治監察的同時增加其財政控制能力，保證中央財政利益。不過，
轉運使在理財與監察二者之間難免顧此失彼，力不從心，影響其代表中央實
現地方控制的實際效果。

當然，影響轉運使代表中央實施地方控制的實際效果，與轉運使本人的
道德品質、政務能力有不小的關係，不過，更重要的是，單憑轉運使一司，
宋朝中央並不能完全實現對地方進行有效控制的目的。監司並立制度遂應運
而生。

〔註152〕《續資治通鑑長編》卷一四一，仁宗慶曆三年五月戊寅條。

宋代轉運使差官處理政務例舉

差遣部內官員	差遣時任職	差遣處理政務內容	資料出處
李丕	尚書都官員外郎通判蜀州	蜀少事，然他州訟有積歲不能決者，轉運使以屬君，君所決八事，民信服之。	《曾鞏集》卷四三，《尚書比部員外郎李君墓誌銘》
	主楚之淮陰簿	歲凶。轉運使調軍食，用君主宿州糶。他州皆強賦，民猶不足，君隨便開誘，糶者悅趨，糶最他州。	
	寧國軍節度掌書記	轉運使屬君市翎毛，君擾致如主糶，所市以赤，數之至十萬，復最他州。又屬君主作院，君考校程度，所作兵器總一萬一千三百二十有四，皆精且利。	
李行簡	彭州軍事推官	陵州富民陳子美父死，繼母詐爲父書逐出之，累訴不得直，轉運使檄行簡劾正其事。	《續資治通鑑長編》卷八五，眞宗大中祥符八年閏六月癸未條
張堯佐	筠州推官	吉州有道士與商人夜飲，商人暴死，道士懼而遁，爲邏者所獲，捕擊百餘人。轉運使命堯佐覆治，盡得其冤。	《宋史》卷四六三，《張堯佐傳》。另見《折獄龜鑑》卷二。
章頻	殿中丞知九隴縣	初，眉州大姓孫延世僞爲券，奪族人田，久不能辨，轉運使使殿中丞知九隴縣章頻按治之。頻視券，墨浮朱上，曰：「是必先盜印，然後書。」既引伏，獄未上而其家人復訴於轉運使，更命知華陽縣黃夢松覆案無異。夢松用此入爲監察御史，頻坐不時具獄，降監慶州酒稅，徙知長洲縣。	《續資治通鑑長編》卷九〇，眞宗天禧元年六月庚辰條。另見《宋史》卷三〇一，《章頻傳》。
黃夢松	知華陽縣		
周道	主杭州錢塘簿	轉運司治錢塘，吏習（刁）倨驕，視州縣蔑如。轉運使元絳委公督租，吏胡通者，絳任之，有田邑中，租過期不入，公執通歸杖而徇，一邑大驚，他租不日而辦。	《浮溪集》卷二六，《尚書刑部侍郎贈通議大夫周公墓誌銘》
蘇東坡	杭州通判	轉運司差往湖州相度堤岸利害	《詩話總龜後集》卷三十八《箴規門》

差遣部內官員	差遣時任職	差遣處理政務內容	資料出處
李世隆	利州通判	轉運使李熙輔到彼審問，據頓士寧口稱屈抑及分析知其不公事，一面行遣差官往彼推勘，及差利州通判李世隆往巴州權交替。	《包孝肅奏議集》卷三《請選利州路轉運使》
王　泰	河南府戶曹	鳳翔民獻策云：「陝州南有澗水，西流入河，若疏導使深，又鑿硤石山使通穀水，因導大河東流入穀水，自谷入洛，至鞏復會於河，以通漕運，可以免砥柱之險。」……敕下京西、陝西轉運司差官相度。京西差河南府戶曹王泰。	《涑水記聞》卷一五
郭　諮	監通利軍稅	初，洺州肥鄉縣田賦不平，久莫能治，轉運使楊偕患之。大理寺丞郭諮曰：「是無難者，得一往，可立決也。」偕即以諮攝令，並遣秘書丞孫琳與共事。諮等用千步方田法四出量括，得其數，除無地之租者四百家，正無租之地者百家，收逋賦八十萬，流民乃復。	《續資治通鑑長編》卷一四四，仁宗慶曆三年十月丁未條。另見《宋史》卷三二六，《郭諮傳》
周伯駿	幹辦公事	有轉運司差幹辦公事周伯駿前去鹽城縣，措置海舡。	《盤洲文集》卷四一《過江催發米綱箚子》
李　蘩	隆州判官廳公事	左奉議郎簽書隆州判官廳公事李蘩才識明敏，潔己愛民。向年彭州通欠贍軍緡錢，在一路為最多，轉運司差蘩兼權彭州通判解紛決滯，政修事舉。	《文定集》卷六《薦李蘩知邛州箚子》
王祐之	勾押官	供奉官、夔州路走馬承受程允武言：「知南平軍高權、通判張及不和，又轉運司差前勾押官王祐之根括南平軍地土租稅等事稽滯。」詔允武罷走馬承受，轉運司官不應差王祐之，各罰銅二十斤。	《續資治通鑑長編》卷五百十六哲宗元符二年閏九月戊寅條

第四章　宋代監司並立與地方控制

　　監司並立也是宋朝對中國古代地方控制方式的新嘗試。本章擬圍繞監司並立格局下，轉運使和並立監司的關係及其對地方控制的影響這一中心，分別闡述宋代路級監司並立多元格局形成的過程及其原因；轉運使、提刑司分部巡按對地方控制的意義；提舉司和轉運使在分司理財財政體系中的相互關係，及其對地方控制的影響等問題。

一、宋代路級監司並立多元化格局的確立

（一）漢魏監司與宋代路級監司多元格局的形成

　　在古代，「監司」一詞多指監察地方官吏的部門機構。《史記》卷一二二《酷吏傳》記載，漢武帝時，趙禹「以刀筆吏積勞，遷爲御史。上以爲能，至中大夫。與張湯論定律令，作見知，吏傳相監司以法，盡自此始」。這應該是「監司」一詞最早的出處，其義不出監察官吏。東漢章帝建初年間（76～84 年），賈武孺任朔方太守，「舊內郡徙人在邊者，率多貧弱，爲居人所僕役，不得爲吏。宗擢用其任職者，與邊吏參選，轉相監司，以擿發其奸，或以功次補長吏，故各願盡死，匈奴畏之不敢入塞。」〔註1〕漢桓帝時，「魏郡李暠爲美陽令，與中常侍具瑗交通，貪暴爲民患，前後監司畏其勢援，莫敢糾問。」後時任郡督郵的蘇謙至部，「案得其臧，論輸左校」。〔註2〕此時「監司」的按察官吏之義更爲明顯。史例不少，茲不贅舉。

〔註1〕《後漢書》卷一七，《賈復傳》。
〔註2〕《後漢書》卷三一，《蘇章傳附蘇不韋傳》。

　　南宋人考監司之職，認爲自「魏晉以來有之矣」。如吳曾在《能改齋漫錄》中云：

> 本朝官至轉運判官提舉常平謂之監司。按徐逸與范甯書曰：「足下愼選，綱紀必得，國士以攝諸曹。諸曹皆得良吏，以掌文案。又擇公方之人，以爲監司，則清濁能否與事而明。」乃知監司之職魏晉以來有之矣。〔註3〕

確實，魏晉時期監司監察糾違的職能愈加明晰。劉頌在給晉武帝的奏疏中就提到：

> 夫監司以法舉罪，獄官案劾盡實，法吏據辭守文，大較雖同，然至於施用，監司與夫法獄體宜小異。獄官唯實，法吏唯文，監司則欲舉大而略小。何則夫細過微闕，謬妄之失，此人情之所必有，而悉糾以法，則故善爲政者，綱舉而網疏，綱舉則所羅者廣，網疏則小必漏，所羅者廣則爲政不苛，此爲政之要也。而自近世以來，爲監司者，類大綱不振而微過必舉。〔註4〕

晉愍帝時，主簿熊遠針對當時「朝廷草創，議斷不循法律，人立異議，高下無狀」的形勢，上書云：「禮以崇善，法以閑非。故禮有常典，法有常防，人知惡而無邪心。……若本曹處事不合法令，監司當以法彈違，不得動用開塞，以壞成事。」〔註5〕《晉書‧范甯傳》載：「方鎮去官，皆割精兵器仗以爲送故，米布之屬不可稱計。」但是「監司兼容，初無彈糾。」〔註6〕可見監司按照中央規定的制度對官吏加以監督和彈違，在魏晉時期已經成爲定制。地方官吏的考課賞罰，也時常要參考監司的意見。如晉武帝太康年間，因「倉廩不實，關右饑窮，欲大興田農，以蓄嘉穀」，朝廷欲行勸農之策，束晳上言：

〔註3〕 吳曾：《能改齋漫錄》卷二。《資治通鑑》卷一○七記載：（范）甯在豫章，遣十五議曹下屬城，採求風政，並吏假還，訊問官長得失。徐逸與甯書曰：「足下聽斷有允，庶事無滯，則吏愼其負，而人聽不惑矣，豈須邑至里詣，飾其遊聲哉！非徒不足致益，乃實蠹漁之所資，豈有善人群子而幹非其事，多所告白者乎！自古以來，欲爲左右耳目者，無非小人，皆先因小忠而成其大不忠，先藉小信而成其大不信，遂使讒諂並進，善惡倒置，可不戒哉？足下愼選綱紀，必得國士以攝諸曹，諸曹皆得良吏以掌文按，又擇公方之人以爲監司，則清濁能否，與事而明，足下但平心處之，何取於耳目哉？昔明德馬后未嘗顧左右與言，可謂遠識，況大丈夫而不能免此乎！」
〔註4〕 《晉書》卷四六，《劉頌傳》。
〔註5〕 《晉書》卷三○，《刑法志》。
〔註6〕 《晉書》卷七五，《范甯傳》。

「今天下千城，人多遊食，廢業占空，無田課之實。較計九州，數過萬計。可申嚴此防，令監司精察，一人失課，負及郡縣，此人力之可致也。」〔註7〕

從史料來看，漢魏時期，監司應該是泛指監察官員，即具有監察職能的職官和機構都可以「監司」稱之。如果從監察地方官員的職能來看，漢代刺史之置也可屬監司，不過當時沒有固定的機構和治所而已。晉武帝任命李胤為司隸校尉，「胤屢自表讓，忝傅儲宮，不宜兼監司之官。武帝以二職並須忠賢，故每不許」〔註8〕。司隸校尉因為與御史中丞共察百僚，西晉官員也稱之為監司。唐代掌有察舉部內官吏職責者被稱為監司，也是一種慣例，如觀察使、團練使都可稱為監司。〔註9〕

宋代的監司雖沿用前代的慣稱，但專指路級機構。宋人稱：「祖宗以來，內則臺省按察百司，外則州縣、監司，各相統轄，上下相維，萬世不易之法。」〔註10〕「監司督察一路官吏，實為朝廷耳目之任」。〔註11〕有臣僚以御車之術形容監司之職能，「御者效車，雖六馬之多，執一策而臨之，馬調而車安，使眾人驅以數策，則馬煩而車敗矣。夫監司之蒞一道，猶御者之於車也，提其綱而振之，屬部清矣。」〔註12〕神宗時，御史中丞胡宗愈指出：

> 竊惟朝廷外置諸路監司，以為耳目之官，提振綱紀，天下官吏有貪墨而不廉者，有違越而無操者，有殘毒而害民者，有偷惰而弛職者，一切使之檢察其實以聞，朝廷所賴以廣聰明於天下而行廢黜。
>
> 〔註13〕

因此，宋代也將監司稱為「外臺」，是中央政府的「耳目所寄」〔註14〕，職當言咎。誠如御史中丞劉摯所言，「至於監司，則朝廷所任以按察」〔註15〕。范祖禹對於監司的作用描述得更為明瞭：「監司所以代天子巡狩，黜陟功罪，進退能否，內集財賦，外衛封疆者也。」〔註16〕

〔註7〕《晉書》卷五一，《束晳傳》。
〔註8〕《晉書》卷四四，《李胤傳》。
〔註9〕《文獻通考》卷五九，《職官考十三》載：「觀察、團練使在唐為監司」。
〔註10〕《續資治通鑑長編》卷四五四，哲宗元祐六年正月甲申條。
〔註11〕《續資治通鑑長編》卷三九五，哲宗元祐二年二月丁酉條。
〔註12〕《續資治通鑑長編》卷三六七，哲宗元祐元年二月戊子條。
〔註13〕《續資治通鑑長編》卷四一〇，哲宗元祐三年五月己酉條。
〔註14〕《續資治通鑑長編》卷一〇二，仁宗天聖二年二月乙酉條。
〔註15〕《續資治通鑑長編》卷三八〇，哲宗元祐元年六月辛丑條。
〔註16〕《宋朝諸臣奏議》卷七二，范祖禹《上哲宗乞行考課監司郡守之法》。

　　今人對於宋代路級監司包括哪些機構，曾有不同看法。有認為宋代轉運使專掌監司，其它機構不在監司之列；有認為宋代監司由轉運使和提點刑獄共同組成；也有認為宋代監司囊括了轉運使、提點刑獄以及提舉常平，至南宋還應該包括安撫使。實際上，這幾種看法各有其道理。我們認為金圓先生的觀點比較可取，他認為，宋代監司的構成有一個變化過程，上述不同看法只是反映了宋代監司在某一時期的具體狀況，並沒有將整個事物發展的動態過程描述出來，不免傷於不全。〔註 17〕這種監司機構先後有變化的觀點，其實宋人林駉在所著《古今源流至論》一書中已經有所表達，他寫到：

> 我朝監司，始則有轉運使、副、轉運判官，後則有提點刑獄、武臣提刑，又其後則有提舉茶鹽、提舉常平，此三者不可不論也。〔註 18〕

大體來說，太宗淳化前監司僅有轉運司，淳化至神宗熙寧時監司則有轉運司、提點刑獄司，從熙寧到北宋末，路級監司三司並立的結構已成定型。〔註 19〕到南宋，如《慶元條法事類》卷七所稱：「諸監司者，謂轉運、提點刑獄、提舉常平司」，仍然是三司並立之制。

　　監司多元化演變的歷程，反映了宋代中央對於集權和分權的權衡考慮。茲結合史實，對此做一補證。

　　先看轉運使兼監察職能的由來。林駉稱，「國初實無監司之目」〔註20〕，他的理由是，宋初在個別地方設立的轉運使，只是因為軍事緣故，為滿足軍需供應，實為臨時設職，並無監察之能。他的說法有一定的道理。史載：

> 其始除轉運使，止因軍興，專主糧餉，至班師即停罷。如太祖時，平澤潞則命戶部侍郎高防、兵部侍郎邊光範充北路轉運使，用師湖南則命判官滕白充南面，給事中沈義倫充京西水陸轉運使是也。太宗時，如劉保勳為河東城西四面轉運使，樂沖為太原管內水陸轉運使，或謂路、或謂道、或曰知、或曰同知、或為幹當，此為用武，責以饋運之職也。殆僭偽略平，懲五季之亂，藩臣擅有財賦

〔註17〕 金圓：《宋代監司監察官吏摭談》，《上海師範大學學報》，1982 年第 3 期。
〔註18〕 《古今源流至論》續集卷七，《監司》。
〔註19〕 紹聖元年（1094）三司並立的格局正式確立。
〔註20〕 《古今源流至論》續集卷七，《監司》。

不歸王府，始置諸道轉運以總利權。然但司財計，而按察未任爾。
自太平興國中，高保寅請罷支郡以損方面，而轉運始加按察之任。
〔註21〕

不過宋太祖時期，轉運使已經開始有了監察之責，如開寶九年（976年）太祖詔稱：

諸道轉運使，各察舉部內知州、通判、監臨物務京朝官等，以三科第其能否，政績尤異者爲上，恪居官次、職務粗治者爲中，臨事弛慢、所蒞無狀者爲下，歲終以聞，將大行誅賞焉。〔註22〕

太宗太平興國二年（977年），轉運使的按察職責明朗化。按《文獻通考》引呂祖謙的說法，「太平興國二年詔罷支郡，令直屬京師，郡長吏得自奏事，自是而後，邊防、賊盜、刑訟、金谷、按廉之任，皆委於轉運使」〔註23〕。監察正式成爲轉運使的重要職責之一。太宗淳化元年（990年），朝廷命「宰相以下至御史中丞各舉朝官一人爲轉運使」，並稱：「國家詳求幹事之吏，外分主計之司，雖曰轉輸，得兼按察，總覽郡國，職任尤重，物情舒慘，靡不由之。」〔註24〕咸平六年（1003年），眞宗下詔批評轉運使「曠官怠於行部」時說：

監司之職，刺舉爲常。頗聞曠官怠於行部，將何以問民疾苦，察吏否臧，自今諸路轉運使令遍至管內按察。〔註25〕

可見轉運使的「刺舉」之職一直被中央認爲是必行的常規職責。

仁宗朝，轉運使兼有按察使之名。慶曆年間，諫官歐陽修提出反對意見，不過朝廷未予採納。仁宗下詔稱：

諸路轉運使副併兼按察使副，令將轄下州、府、軍、監、縣、鎮官吏姓名置簿親掌，錄其功過，若績效明著及顯有不治者，遂旋以聞外，其稍著廉勤及僅免敗闕者，即每至年終攢寫附遞以聞，並須盡公摭實，如能稱職，別加進用，倘務因循，亦嚴行黜降。〔註26〕

自此，轉運使兼按察使，多被稱爲轉運按察使。

〔註21〕　《文獻通考》卷六一，《職官考十五》。
〔註22〕　《續資治通鑑長編》卷一七，太祖開寶九年十一月庚午條。
〔註23〕　《文獻通考》卷六一，《職官考十五》。
〔註24〕　《宋史》卷一六○，《選舉志》。
〔註25〕　《續資治通鑑長編》卷五五，眞宗咸平六年十一月庚午條。
〔註26〕　《續資治通鑑長編》卷一四一，仁宗慶曆三年五月戊寅條。

再看提點刑獄司之設。宋代提點刑獄司亦簡稱提刑司，也常稱「憲司」、「憲臺」〔註27〕。其設置原因在於轉運使事務太重，無暇顧及刑獄。

歐陽修說，轉運使「以斡運財賦有米鹽之繁，供給軍需有星火之急，既不暇遍走州縣專心察視」〔註28〕。可見轉運使首要任務在於要處理繁雜的財賦調運事務，應付緊急的軍需供給，沒有太多的時間和精力按察部內獄訟。而「庶政之中，獄訟為切」〔註29〕，「惟刑是恤，苟獄訟有所枉抑，則和氣為之損傷」〔註30〕。淳化二年（991 年），太宗在諸路設置提點刑獄公事，代表朝廷按問地方刑獄。〔註31〕不過此時提點刑獄公事仍隸屬轉運使，且罷設不定。明道以後提刑司的設置不再有大的變化〔註32〕，成為固定之設。

提點刑獄最初之設，旨在疏理地方刑獄、平反冤案，糾舉違法官吏，以讞問刑獄為主要職能。到太宗大中祥符四年（1011 年），邠寧環慶副都部署陳興縱所部禁兵為劫盜，釋而不問。陝西提點刑獄司便向朝廷反映此事，後「罷軍職，改敘州防禦使、知懷州」，由王嗣宗代之。〔註33〕可見此時提點刑獄司已帶有按察官員的職權。仁宗景祐元年（1034 年）下詔「舉人被囚，而獄吏苛酷非疾致死者，提點刑獄官按察之」〔註34〕。景祐四年（1037年），詔「諸路轉運使、提點刑獄及知州軍、通判自今按察所部官，須具實狀以聞。」〔註35〕宋朝中央已經將提點刑獄視為按察之官，正如包拯在奏議中所說的：

> 國家設提刑按察之職，察群吏廉穢之狀，其治績尤著者，則必
> 慰薦稱舉，貪懦不治者，則必體量按劾，別白善惡悉以上聞。〔註36〕

慶曆三年（1043 年）仁宗下詔諸路轉運使副併兼按察使副轉運使，並明確規

〔註27〕周必大《文忠集》卷一二八，《憲臺》：「憲部，刑部也；憲臺，御史臺也。今直以諸路刑獄為憲，雖聖旨處分勒令所立法，凡及安撫提刑司處，皆以帥、憲為稱。而提刑告詞並曰憲臺。」
〔註28〕《續資治通鑑長編》卷一四一，仁宗慶曆三年五月戊寅條。
〔註29〕《宋大詔令集》卷二〇〇，雍熙二年八月《遣使分路按獄即決詔》。
〔註30〕《宋大詔令集》卷二〇〇，雍熙四年正月《遣使西川嶺南江浙等道按問刑獄詔》。
〔註31〕《續資治通鑑長編紀事本末》卷一四，《聽斷》。
〔註32〕戴建國：《宋代提點刑獄司》，《上海師範大學學報》，1989 年第 2 期。
〔註33〕《宋史》卷二七九，《陳興傳》。另見《續資治通鑑長編》卷七五，太宗大中祥符四年正月辛巳條。
〔註34〕《續資治通鑑長編》卷一一四，仁宗景祐元年五月乙酉條。
〔註35〕《續資治通鑑長編》卷一二〇，仁宗景祐四年十二月壬申條。
〔註36〕《包孝肅奏議》卷三，《請令審官院以黜陟狀定差遣先後》。

定其按察職責時，特別指出：「提點刑獄雖不帶此使名，並當準此。」〔註37〕

再看提舉常平司之設。提舉常平司簡稱提舉司，亦稱倉司。眞正意義的提舉常平司始於神宗熙寧二年（1069 年）閏十一月壬子「制置三司條例司言差官提舉諸路常平廣惠倉，兼管勾農田水利差役事」，「此提舉常平之始也」。〔註38〕這時提倉官就兼具按察職責。所以御史蔡承禧向神宗建議：「朝廷提倉之官所繫不輕，一路承稟按察，與監司無異，當用天下有吏幹之人。」〔註39〕司馬光也說，「提舉官皆得按察官吏，事權一如監司」。〔註40〕徽宗宣和三年（1121 年）四月，提舉江東常平司王瞻在奏疏中寫道：「常平專置使者，付以刺舉」〔註41〕。宋室南渡之後，提舉常平司的監察之責未有改變。高宗紹興六年（1136 年），湖、廣、江西發生旱情，朝廷撥調上供米振之。「婺民有遏糴致盜者，詔閉糴者斷遣。殿中侍御史周秘言：『發廩勸分，古之道也，許以斷遣，恐貪吏懷私，善良被害。望戒守令多方勸諭，務令樂從，或有擾害，提舉司劾奏。』」朝廷採納了周秘的建議。〔註42〕乾道四年（1172 年）八月，孝宗下詔：

> 諸路提舉司差官根刷，應諸司吏人所借常平雇役錢，在五年內者，盡行追納，自後州縣敢擅借支者，依條按劾以聞。〔註43〕

淳熙十二年（1185 年）八月丙寅，孝宗對新上任的提舉常平鹽茶公事趙鞏說：

> 鹽事利害稍重，凡事可親臨之，勿容官吏作弊，至奏羨餘錢。……待與卿少減庶得，卿易爲監司，以刺舉爲職，賢者固可舉，贓吏切不可不按。〔註44〕

於此可見南宋皇帝對提舉司的財經監察職能的重視。

孝宗淳熙五年（1178 年），潘時遷任江東提舉常平司，「入境，即發贓吏一人，故相有爲請者不聽，竟按逐之，列城震聳。行部所過，延見父老，以次召問疾苦及吏治得失，戒州縣毋得除舍館飾供帳鈐鍵，吏卒無不肅然。」

〔註37〕《續資治通鑑長編》卷一四一，仁宗慶曆三年五月戊寅條。
〔註38〕《會稽志》卷三，《提舉司》。
〔註39〕《續資治通鑑長編》卷二六九，神宗熙寧八年十月庚寅條。
〔註40〕《續資治通鑑長編》卷三六八，哲宗元祐元年閏二月條。
〔註41〕《宋會要輯稿》職官四三之一一。
〔註42〕《宋史》卷一七八，《食貨志上》五。
〔註43〕《宋會要輯稿》職官四三之三六。
〔註44〕《宋史全文》卷二七下，《宋孝宗》。

〔註45〕淳熙六年（1179年）朱熹任浙東路提舉常平官，「在任按劾贓吏，舉行荒政，一路肅然」〔註46〕。理宗淳祐年間（1241～1252年），湯漢提舉福建常平司，在任期間，按劾福州知州史岩之、泉州知州謝塈等。〔註47〕黃震的《黃氏日抄》有提舉常平司按劾官員的狀文，從中可知宋代提舉司「歲終有會之法，類申本路同官之賢間有不才」。茲援引一例如下：

> 照對某暫攝常平，毫髮無補借，以歲終有會之法，類申本路同官之賢間有不才，亦宜汰去，姑先寁者，以警其餘。袁州萬載縣丞石應雷貪暴非一，嘗檢校彭祥甫家卑幼業，勒取錢三千貫，勒賣卑幼業人每田百把取錢百貫，爲廳子袁晉等過付反違法，自擅沒田入縣學，以掩眾議，卑幼者其何辜。吉州安福縣主簿權縣事趙必縣亦貪非一，嘗與寄居揚州趙司戶及前撫州趙司戶相朋爲奸，每斷鎖一人，取錢五十貫，僉狀一紙，每收錢一貫，其苛賤如此，及多差吏卒入鄉行劫，民不聊生。吉州盧陵縣尉趙必漳每一下鄉擾民無藝，嘗以其親戚姓江人同行公事諧價，必以姓江人任責，凡此三人，皆無顧藉如，蒙公朝特賜敷奏，將各官放罷。庶幾，民怨稍伸內，石應雷、趙必縣遇赦，未許放行參注伏候指揮。〔註48〕

值得注意的是，監司在宋代也常被稱爲「職司」，這種稱號強調的是其行政職能。吳曾《能改齋漫錄》指出：「本朝官制，由監司而稱職司，如提點刑獄、轉運副使之類。」〔註49〕事實上，各監司的確是以所領行政職事爲主而兼領監察職責的。譬如，提點刑獄司負責一路刑獄疑讞，是一路司法審判機構，代朝廷按問地方刑獄，所謂「總郡國之庶獄，覈其情實而覆以法，督治奸盜，申理冤濫」〔註50〕；「所至專察囚禁，審詳案牘……諸色詞訟，諸州斷遣不當，已經轉運使批斷未允者，並收接施行」，進而兼領監察地方官員，即「官吏貪濁弛慢，具名以聞，敢有庇匿，並當加罪」〔註51〕。《宋史》卷一六七《職官志》七也敘述了提刑司由司法監察爲主而兼領刺舉官吏的職能，略云：

〔註45〕《山堂肆考》卷七五，《按逐贓吏》。
〔註46〕《古今事文類聚外集》卷九。另見《山堂肆考》卷七五，《拯救饑民》。
〔註47〕《宋史》卷四三八，《湯漢傳》。
〔註48〕《黃氏日抄》卷七六，《又歲終劾官狀》。
〔註49〕吳曾：《能改齋漫錄》卷二。
〔註50〕《文獻通考》卷六一，《職官考十五》。
〔註51〕《續資治通鑒長編》卷六六，眞宗景德四年七月癸巳條。

　　　　掌所察部之獄訟而平其曲直，所至審問囚徒，詳覆案牘，凡禁

　　繫淹延而不決，盜竊逋竄而不獲，皆劾以聞，及舉刺官吏。

提舉常平司也是以特定財政管理職事爲主而兼領監察官吏的職能。〔註 52〕提舉司的設立與熙豐變法有密切聯繫，總領一路變法政務，其監察職能開始是同自身所領職事密切相關，偏重於經濟監察。如按察撫恤作弊，賑災不力，和買不法，抑納稅收等不法行爲。〔註 53〕進而具有刺舉官吏的監察職能。淳熙十二年（1185 年）八月，孝宗對新任提舉茶鹽公事趙鞏說：「卿易爲監司，以刺舉爲職，賢者固可舉，贓吏不可不按。」〔註 54〕可見此時提舉司官員的監察職責也是應有之責。

　　總之，經過逐漸發展，宋代形成轉運使、提點刑獄司、提舉司三個由「職司」而「監司」的對地方實施行政監察、財政監察和司法監察的並立格局。

（二）宋代建立監司並立制度的原因

1、宋朝對強化度中央集權的考慮

　　宋代監司並立制度在提舉常平司出現後基本定型，構成監司的三司在設置上有時間的差距，參差不一，而且提點刑獄和提舉常平在設置之初都有一段時間隸屬於轉運司，在各自發展過程中逐步脫離轉運司而獨立建置。這完全是出於宋代統治者對於集權和分權的考慮，出於宋代政府「內重外輕」的治國策略，是與趙宋王朝對地方實行「稍奪其權，制其錢穀，收其精兵」〔註55〕的強幹弱枝宗旨分不開的。明白這一點，也就可以洞悉宋代讓路級機構並立，不設最高主管機構的原因。

　　孝宗時太學博士葉適的上奏，可以說是對宋朝對於中央和地方關係最好的詮釋之一，他這樣寫到：

　　　　自今邊徼犬牙，萬里之遠，皆自上制命。一郡之內，兵一官也，

　　財一官也，彼監此臨，互有統屬，各有司存。推之一路猶是也。故

　　萬里之遠，顋伸動息，上皆知之，是紀綱之專也。〔註56〕

〔註 52〕方寶璋先生《略論宋代財經監督機制》（《福建師範大學學報》2000 年第 2 期）
　　　　對此有論述。
〔註 53〕賈玉英：《宋代監察制度》，第 379 頁。
〔註 54〕《皇宋中興兩朝聖政》卷六二，孝宗淳熙十二年八月丙寅條。
〔註 55〕《續資治通鑑長編》卷二，太祖建隆二年七月戊辰條。
〔註 56〕《歷代名臣奏議》卷九六，《經國》。

趙宋王朝當政者既擔心州縣官員會擁兵自重而形成割據勢力，由維護中央集權的工具一變而爲瓦解中央集權的工具，也擔心中央派出的監察機構成爲中央集權的對立面，所以既要通過監司加強地方控制，也要設法防止監司產生離心力。監司並立就是針對後者的相應措置。

監司並立格局中首先出現的是轉運使。宋朝國祚初定，太祖、太宗針對「權在方鎮，征伐不由朝廷，怙勢內侮，王室微弱，享國不久」〔註 57〕的局面，在逐步削減藩鎮權限的同時，設立轉運使一職，成爲非割據性藩鎮的替代者〔註 58〕，再漸進削除藩鎮，從而有效地實現了財政上的集權。但是，轉運使權勢逐漸增大，包括朝中大臣出任地方官員也要受其節制，這又成爲趙宋統治者心中的隱憂。對此，《文獻通考》引呂祖謙之言說得明白：

> 大臣品位雖崇，若出臨外藩，即轉運使所部，要繫州府，不繫品位，此朝廷典憲，不可輕改，並仍舊貫。由是觀之，轉運使權可謂重矣。然又疑其權太重，復置朝臣於諸路爲承受公事，是機察漕司也。眞宗即位，省罷承受之官。景德間，遂建提點刑獄一司，實分轉運使之權。又以武臣帶閤職者副之，……令機察漕司，也監司之官。〔註 59〕

可見從太宗置朝臣於諸路爲承受公事，到眞宗成立提點刑獄司，目的除了前述減輕轉運使職任過重的負擔，同時也出於要對轉運使權力進行制約。提刑司雖主刑獄之事，但是對封樁、錢穀、保甲、軍器、河渠諸事皆管，轉運使則主要負責財賦綱運之責，這在一定程度上的確分割了轉運使的職任。至熙豐變法時期，王安石爲推進新法的實施，在諸路設置提舉常平廣惠農田水利官，其後各置提舉官，又再將漕司的財政經濟事權和監察權分割出一部分。總之，從監司並立格局形成的過程，可以清楚地看出宋廷削減和制約轉運使權限的意圖。

宋朝選擇對地方監察選擇監司並立的權力分配格局，是宋代建立高度中央集權體制的必然結果。章如愚說：「藝祖開基，懲五季之亂，藩臣擅有財賦，不歸王府。自乾德以後，僭僞略平，始置諸道大運使，以總利權。」〔註 60〕但是宋代政府也不希望過於強化轉運使司，使之成爲權力集中的路一級最高

〔註 57〕 《續資治通鑑長編》卷二九，太祖端拱元年十二月。
〔註 58〕 汪聖鐸：《宋代轉運使補論》，《中國史研究》，2004 年第 1 期。
〔註 59〕 《文獻通考》卷六一，《職官考十五》。
〔註 60〕 《群書考索》後集卷一三，《運使》。

行政機構，以免在煞費心機地收奪了藩鎮的權力之後，又形成一個地方割據勢力的隱患。咸平四年（1001 年），左司諫、知制誥楊億上疏真宗建議：

> 昔者秦之開郡置守，漢以天下爲十三部，命刺史以領之。自後因郡爲州，以太守爲刺史，降及唐氏，亦嘗變更，曾未數年，又仍舊貫。今多命省署之職出爲知州，又設通判之官以爲副貳，此權宜之制耳，豈可爲經久之訓哉？臣欲乞諸州並置刺史，以戶口多少置其奉祿，分下、中、上、緊、望、雄之等級，品秩之制率如舊章，與常參官比視階資，出入更踐，省去通判之目，但置從事之員，建廉察之府以統臨，按輿地之圖而區處。昔者興國初，詔廢支郡，出於一時；十國爲連，周法斯在，一道署使，唐制可尋。至若號令之行，風教之出，先及於府，府以及州，州以及縣，縣及鄉里。自上而下，由近及遠，譬如身之使臂，臂之使指，提綱而衆目張，振領而群毛理。由是言之，支郡之不可廢也明矣。臣欲乞復置支郡，隸於大府，量地裏而分割，如漕運之統臨，名分有倫，官業自舉。
> 〔註61〕

楊億所構想的依照唐制，復置支郡，隸於大府，量地分割，使轉運使統臨的統治格局，顯然違背了宋朝最高統治者一貫堅持的加強中央集權，儘量分割地方事權的統治術。雖然史籍記載楊億受到嘉獎，但是朝廷的回答是：「因襲既久，難於驟革」，婉轉地加以否決。

2、宋朝加強地方行政監管實效的考慮

如何提高對地方行政的監管效率，一方面更爲快捷、有力地在地方貫徹中央政令，另一方面及時掌握和處理地方行政問題，這是中央實現和加強地方控制的關鍵。

宋代路分監司的職責分工愈來愈明晰，嘉定十一年（1211 年）十月三十日，臣僚言：

> 朝廷置部使者之職，俾之將明王命，以廉按吏治，至於職事，則各有攸司。婚田稅賦，則隸之轉運；獄訟經總，則隸之提刑；常平茶鹽，則隸之提舉；兵將盜賊，則隸之安撫。〔註62〕

〔註61〕《宋史》卷一六八，《職官志》八。
〔註62〕《宋會要輯稿》職官四五之四二。

這種事權分割當然具有讓路分監司相互牽制的考慮。但是，這只是問題的一個方面。另一方面，這種事權分割也具有相互補益，提高行政效能的作用。以往的研究對此注意不夠。

宋代中央在單獨設置轉運使之後，發現轉運使一司能力畢竟有限，無法顧及中央期待處理的方方面面，即使能臣周材，也難於將如此繁雜的事務一一履行。神宗就說：「周材難得，如守令即專治民，三司判官專治金谷，開封府推、判官專治刑獄，轉運司無所不總，求之周行，罕有能兼之者。」〔註63〕因此增加監司機構及分割轉運使部分職責，也是勢在必行。

這裏要強調指出的是，在分權制衡的前提下，宋代中央政府考慮設官分職時，不僅考慮上下相從，相互監督和制約，也考慮相互補益，提高行政管理的效能。明道二年（1033），復置提點刑獄官。史載：

> 始，天聖六年，罷諸路提點刑獄官。八年復置，又權停。於是，上謂輔臣曰：「諸路刑獄既罷提點官，轉運司不能一一躬往讞問，恐寖至冤濫。宜選賢明廉幹不生事者委任之，則民受其賜矣。」乃復置諸路提點刑獄官，仍參用武臣。〔註64〕

仁宗對「轉運司不能一一躬往讞問，恐寖至冤濫」的擔心和復置諸路提點刑獄官的舉措，足以說明其增設監司時對提高地方行政監管效能的考慮。

提舉常平司的設立也有類似的原因。儘管提舉司的出現有特殊的歷史背景，即王安石借助提舉司在地方推行熙豐變法，但是，它的設立同樣具有宋朝中央彌補轉運使財政控能力不足，加強對地方財賦控制的目的。南宋建炎二年（1128年）八月，顯謨閣待制孫覿對高宗說：

> 自罷提舉官，常平之財所存一二，猶以億萬計，皆為他司妄用。今轉運使漕挽軍儲，上供之外，無一金之藏。他時大水旱，大舉措，經畫殘破，召募軍馬，以備緩急之須，皆非轉運使所能辦，時方多事財用為急望。

於是朝廷遂復置提舉官以「講補助之政」。〔註65〕可見提舉司在理財方面對轉運使有相當重要的幫助，是一種相互補益的關係。

〔註63〕 《續資治通鑑長編》卷二四四，神宗熙寧六年四月壬辰條。
〔註64〕 《續資治通鑑長編》卷一一三，仁宗明道二年十二月丙申條。
〔註65〕 《建炎以來繫年要錄》卷一七，高宗建炎二年八月癸丑條。

二、分部巡按與地方控制——宋代轉運使與提點刑獄司的關係

（一）宋代提點刑獄司的設置與職能劃分〔註66〕

宋初，除置諸路轉運使按問地方刑訟外，朝廷還遣使往各路按問刑獄。雍熙元年（984年）六月，太宗即遣使按察兩浙、淮南、西川、廣南獄訟。〔註67〕雍熙四年正月己卯，朝廷又頒詔遣使往西川、嶺南、江浙等路按問刑獄，要求「小事即決之，大事趣令速了，事有可了，而官吏故違稽緩者，鞫其狀以聞」。〔註68〕這些是宋代在路級設立提點刑獄司的前奏。

淳化二年（991年）五月庚子，「始命司馬員外郎董循等十人分充諸路轉運司刑獄公事，管內州府十日一具囚帳供報，有疑獄未決，即馳傳往視之。州縣敢稽留人，獄久而不決，及以偏辭按讞，情不得實，官吏循情者悉以聞。佐小吏以下許便宜按劾從事。」〔註69〕此時，提點刑獄公事並沒有獲得獨立的設立辦事機構的權力，而隸屬於轉運使。宋初，太祖、太宗著力於清理藩鎮割據勢力，在經歷了唐末五代的分裂動蕩之後，社會漸趨穩定，社會生產逐步發展，刑獄訴訟案件相對而言並不繁多，在諸州軍，宋朝增置司理參軍、司法參軍專門負責刑訟之事，「數年之間，刑罰清省」〔註70〕，並不需要在路一級添設常置機構來督治刑獄。這一點也促成提點刑獄公事在兩年以後就被取消。史載：

> 自端拱以來，諸州司理參軍皆上躬自選擇，民有詣闕稱冤者，立遣臺使乘傳案鞫，數年之間，刑罰清省矣。諸路提點刑獄司未嘗有所平反，上以為徒增煩擾，周助哀矜，詔悉罷之，歸其事於轉運司。〔註71〕

從宋廷對取消提點刑獄之事的原因來看，提點刑獄司此時或許已經有一定的獨立性，文中所說「歸其事於轉運司」，從另一個側面可以認為提點刑獄曾分擔過轉運使糾察刑獄的職能。《宋史·馬亮傳》記載：太宗時，「會諸路轉運

〔註66〕對於宋代提點刑獄司和提舉常平司的設置和職能，學者已有專文論述。這裏只簡單概述，以求行文完整。
〔註67〕《宋史》卷四，《太宗紀》一。
〔註68〕《宋大詔令集》卷二〇〇，雍熙四年正月己卯《遣使西川嶺南江浙等道按問刑獄詔》。
〔註69〕《續資治通鑑長編紀事本末》卷一四，《聽斷》。
〔註70〕《宋史》卷一九九，《刑法志》一。
〔註71〕《續資治通鑑長編》卷三四，太宗淳化四年十月庚申條。

司置糾察刑獄官，以福建路命亮，覆訊冤獄，全活者數十人」。以一路付馬亮，可以窺見提點刑獄漸趨獨立的端倪。

宋真宗即位以後，也遣使往諸路按問刑獄，糾察官吏。景德四年（1007）七月，復置諸路提點刑獄官。真宗說：

> 勤恤民隱，遴揀庶官，朕無日不念也。所慮四方刑獄官吏，未盡得人，一夫受冤，即召災沴。今軍民事務，雖有轉運使，且地遠無由知。先帝嘗選朝臣爲諸路提點刑獄，今可復置，仍以使臣副之，先命中書、樞密院擇官具名進内。〔註72〕

而且真宗親自選授太常博士陳綱、李權、李及，「自餘擬名以聞，咸引對於長春殿遣之。所至專察視囚禁，審詳案牘。州郡不得迎送聚會。所部每旬具囚繫犯由，訊鞫次第申報，常檢舉催督。在繫久者，即馳往案問。出入人罪者移牒覆勘，劾官吏以聞。諸色詞訴，逐州斷遣不當，已經轉運使批斷未允者，並收接施行。官吏貪濁弛慢者，具名以聞，敢有庇匿，並當加罪。仍借緋紫，以三年爲任，增給緝錢，如轉運使之數。内出御前印紙爲歷，書其績效，中書、樞密院籍其名，代還考課，議功行賞。如刑獄枉濫，不能摘舉，官吏曠弛，不能彈奏，務從畏避者，實以深罪。」〔註73〕從這裏已經不難看出提點刑獄取得與轉運使並列的獨立地位。林駉於此事評價說：

> 緋紫爭榮，秩同漕運，此國朝崇重之意也。印紙書績，籍名中書，此國朝激勸之權也。〔註74〕

儘管有文人的修飾之語，但仍可見提點刑獄司此時地位已較淳化年間提高不少。不過此後提點刑獄司的置廢又有反覆。天聖六年（1028年）到明道二年（1033年），提點刑獄司屢經廢設。罷廢原因也無非是認爲「過爲煩擾，無益於事」〔註75〕。隨著宋代社會發展，經濟生活日益繁複，社會矛盾也層出不窮，刑訟案件不斷增多，在天聖八年（1030年）罷設提點刑獄司之後，仁宗擔心「諸路刑獄既罷提點官，轉運司不能一一躬往讞問，恐浸至冤濫。宜選賢明廉幹不生事者委任之，則民受其賜矣」。於是，「乃復置諸路提點刑獄官，仍參用武臣」。〔註76〕至此，提點刑獄司的設置趨於穩定。〔註77〕由此可見宋

〔註72〕《續資治通鑑長編》卷六六，真宗景德四年七月癸巳條
〔註73〕《續資治通鑑長編》卷六六，真宗景德四年七月癸巳條。
〔註74〕《古今源流至論》前集卷七，《提刑》。
〔註75〕《續資治通鑑長編》卷一〇六，仁宗天聖六年正月戊午條。
〔註76〕《續資治通鑑長編》卷一一三，仁宗明道二年十二月丙申條。

朝設立提點刑獄司的原因之一，是鑒於轉運使於一路的刑獄之事不能週知，這無疑有加強實務運作的考慮。

儘管提點刑獄司在宋代還被賦予一些其他職能，但究其根本，提刑司的要務在於「掌察所部之獄訟而平其曲直，所至審問因徒，詳覆案牘，凡禁繫淹延而不決，盜竊逋竄而不獲，皆劾以聞，及舉刺官吏之事」。〔註78〕具體而言，即：

> 所至專察視囚禁，審詳案牘，……所部、每旬具囚繫犯由、訊鞫次第、申報，常檢舉催督，有繫淹久者，即馳往案問。出入人罪者，移牒覆勘。劾官吏以聞，諸色詞訟，逐州斷遣不當，已經轉運司披斷未允者，並收接施行。官吏貪濁弛慢者，具名以聞。〔註79〕

> 有疑獄未決，即馳傳往視之。州縣稽留不決，按讞不實，長吏則劾奏，佐史、小吏許便宜按劾從事。〔註80〕

> 幕職、州縣官非理決人致死，並具案奏裁，……提點刑獄司察舉，責懲殘暴之吏。〔註81〕

不過，提刑司享有一路的司法權，並不意味著轉運使對於部內司法之事完全沒有權力。屈超立先生的研究表明，宋代提刑司司法權的管轄在於刑事案件，轉運司司法權的管轄在於民事案件。〔註82〕

（二）分部巡按與地方控制

宋代設置提點刑獄司的用意之一在於分轉運使之權，防止轉運使隨著權力的增多而在地方做大。不過，提刑司與轉運使作為並立的監司，他們在行使職權中，職掌仍有交錯，所以宋代中央政府經常要求二司在事務處理上要「同共相度體量」〔註83〕，讓二者既相互制衡，又分工協作。中央政府還規定二司分部巡按制度，以期讓他們更好地相互制約與相互補充，達到中央加強地方控制的目的。

〔註77〕戴建國：《宋代提點刑獄司》，《上海師範大學學報》1989 年第 2 期。

〔註78〕《宋史》卷一六七，《職官志》七。

〔註79〕《宋大詔令集》卷一六一，景德四年七月辛卯《置諸路提刑詔》。

〔註80〕《宋史》卷一九九，《刑法志》一。

〔註81〕《續資治通鑑長編》卷七三，大中祥符三年正月壬申條。

〔註82〕詳參屈超立：《宋代地方政府民事審判職能研究》，巴蜀書社，2003 年。

〔註83〕《續資治通鑑長編》卷二八二，神宗熙寧十年五月庚午條。

　　巡行按部是宋代包括轉運使在內的監司履行職責的必要形式。宋朝皇帝
對此十分注重，如神宗曾在一份任命監司的制文中叮嚀說：

> 分部而使，連數十城，事之與奪，吏之黜陟繫焉。古方伯之任
> 也，其選甚重，固無假人。爾修潔純明，治行強敏。刺督之寄，往
> 共厥服。夫能使政舉刑清，和樂交於上下；人足家給，富饒洽於公
> 私，皆汝守也，可不念哉！〔註84〕

還在眞宗景德四年（1007年），提點刑獄逐步脫離轉運司，獨立置司後，朝廷
就開始讓轉運使和提點刑獄分部巡按，此即宋人所謂「國家景德後分部置使」
〔註85〕。

　　分部巡按可以提高中央處理地方政務的效率。如眞宗大中祥符二年（1009
年）七月乙亥，「京東徐、濟、淄、青、兗等七州水，詔遣使馳驛按視，仍令
本路轉運使、提點刑獄官分道檢校堙塞之，傷田悉蠲其租」〔註86〕。大中祥
符九年（1016年），朝旨稱：「如聞廣南東、西路物價稍貴，宜令轉運使、提
點刑獄官分路撫恤，發官廩，減價賑糶。獄繫多處，促其裁處，或有寇盜，
即時擒捕，無縱驚擾。」〔註87〕轉運使與提點刑獄分路按視，可以在較短時
間內取得賑災恤民，穩定社會秩序的良好效果。

　　仁宗天聖六年（1028年）罷提點刑獄司後，次年朝廷便又置益、梓、廣
南路轉運判官，與轉運使分部巡按，原因在於「自罷諸路提點刑獄，而益、
梓、廣南止一轉運使，不能週知民事故也」〔註88〕。可見此前諸路提點刑獄
對於協助轉運使「週知民事」頗有幫助。由此也可知後來中央恢復轉運使、
提點刑獄分部巡按的務實考慮。仁宗皇祐四年（1052年）二月，宋廷「降提
點江南東路刑獄、都官員外郎張肅知睦州，同提點內殿承制、閣門祇候趙牧
小處監押。先是，朝廷以京東、淮、浙、江、湖災傷，令轉運、提點刑獄分
路巡察。而肅等稽違不行，乃奏准編敕，每遇出巡，仍須同行，又請挈家於
分定州軍。上曰：『始令分路巡按，蓋急於撫恤疲羸，督視盜賊，而肅等乃欲
挈家以自便。』故降之」〔註89〕。張方平在《刑法論》中指出：

〔註84〕　《曾鞏集》卷二十五，《監司制》。
〔註85〕　《東都事略》卷三〇。
〔註86〕　《續資治通鑒長編》卷七二，眞宗大中祥符二年七月乙亥條。
〔註87〕　《續資治通鑒長編》卷八八，眞宗大中祥符九年九月乙巳條。
〔註88〕　《續資治通鑒長編》卷一〇八，仁宗天聖七年六月壬辰條。
〔註89〕　《續資治通鑒長編》卷一七二，仁宗皇祐四年二月辛巳條。

先皇復置提點刑獄之任，以分部四方，申下民之枉，察群吏之

違，是皆聖人竭情盡心，哀矜軫恤之旨也。〔註90〕

他表達的其實是中央政府對分部巡按制度所寄寓的提高地方控制效率的用意。

宋代關於轉運使和提點刑獄司異州置司的要求，也體現了中央通過二司分部巡按加強地方控制的意圖。仁宗景祐元年（1034年）五月庚午，「詔諸路提點刑獄司廨舍與轉運使副同在一州者，並徙他州。」〔註91〕皇祐三年（1051年），仁宗謂宰臣曰：「諸路轉運使、提點刑獄廨宇同在一州，非所以分部按舉也。宜處別州，仍條巡察之令以付之。」〔註92〕可見當時轉運使、提點刑獄司的治所同在一州，不符合中央的分部按舉要求，因此須異地置司。〔註93〕《宋會要輯稿》食貨四九之四一云：

> （紹興三年）十月十二日，詔福建路提刑、轉運司置司去處，並依祖宗舊制。先是，紹興二年已詔依舊制，提刑置司福州，轉運置司建州，而臣僚有請兩易其地，至是言者論其不當，謂建州置轉運司園並一路上供，綱運經由本州催發，豐國監鼓鑄錢寶，北苑焙貢發御茶，本州都作院歲造四色等軍器及上四州銅鉛場等處，係本司拘收為便。提刑置司福州，係八州道里之中，諸州刑獄案牘詳覆與決待報行遣，仍所遣弓兵巡捕盜賊，與帥司所在，緩急可以商議為便。

據此可以看出轉運與提刑分處置司時治所的選擇並非隨意的，而是與其履行主要職責密切聯繫。建州從唐代以後經濟發展迅速，是當時出入福建的主要交通樞紐，是轉運使拘收上供、轉輸財賦的理想場所。而福州乃「八州道理之中」，是當地的政治中心，提點刑獄置司於此，對於及時處理刑獄案件，有效維護社會治安，都比較有利。

宋代監司職掌既各有側重，又互有交錯，處理事務難免意見相左，甚至互相詆毀。如神宗時，同判司農寺張諤向朝廷反映，「河東路監司上省事文字，寺有相關者並不同繫書。聞轉運使趙子幾與提點刑獄楊謐交相詆毀，

〔註90〕《歷代名臣奏議》卷二〇〇。
〔註91〕《續資治通鑑長編》卷一一四，仁宗景祐元年五月庚午條。
〔註92〕《續資治通鑑長編》卷一七一，仁宗皇祐三年十一月乙丑條。
〔註93〕李立：《北宋轉運使若干問題研究》，碩士學位論文，北京大學，1996年。

論議不一，州縣患之。望移一員與別差遣」〔註94〕。看起來這似乎是他倆之間的個人恩怨，其實並不排除有政見不和的原因。所以，我們認為轉運使與提刑司異地置司的另一原因，在於中央政府也考慮到二司為平行機構，職掌有所交叉，難免在處理政務時有衝突和摩擦，分處置司有利於減少或緩和這種衝突。

轉運使與提點刑獄在糾舉同一個地方官員或處理同一件案件時，分工有所不同。例如，熙寧七年（1074年），定州路安撫使滕俯奏走馬承受任端侵預軍政，先由轉運使體量得實，後朝廷詔河北西路提刑司按劾。〔註95〕這是由轉運使調查案情，由提刑司核實後作出刑事判決。熙豐變法時，行市易法，「國家置市易司籠制百貨，歲出息錢不過二分，須以一年為率。」可是「茶場司卻不以一年為率，務重行立法，盡榷民間茶貨入官，旋買旋賣，取利三分」，於是「客旅並牙子等為見榷茶不許衷私買賣，一向邀難園戶，或稱官中高擡斤兩，或言多方退難，遂使於外面預先商量減價。其園戶各為畏法懼罪，且欲變貨營生，窮迫之間，勢不獲已，情願與客旅商量，每斤止收七分實錢，中賣與官，所餘三分，留在客人體上，用充買茶之息。」此後，「逐處買茶官司多是畏懼茶場司威勢，務欲買賣通快，出得息錢，始可免罪，以此互相欺誕，不敢申陳。」知彭州呂陶向朝廷上言官場買茶虧損園戶，神宗便命「本路轉運司根究施行」，「令提刑司等同共相度體量利害奏聞」〔註96〕。這是以轉運使為主、提刑司協助的處理方式。再如，元豐元年（1078年），江南東路轉運司按舉江寧知府呂嘉問，而呂不服，論奏不一，於是詔提刑司與轉運司同劾。〔註97〕這是二司共同辦案的形式。儘管二司在辦案中的具體分工有所不同，中央要求雙方進行密切協作配合則是肯定的。於此也可見二司巡按制度對於宋朝中央加強地方控制的作用。

為加強地方控制，宋朝還建立監司互巡制度。熙寧七年（1074年）六月，檢正中書戶房公事張諤上言：「準朝旨，權提點諸路監司所申巡歷狀，乞監司官歲分州縣互巡，次年正月十五日以前具已巡歷上中書。經一年不巡者，委中書點檢官申舉。」其中的緣由大概還是因為轉運使理財職能同監察職能無

〔註94〕《續資治通鑑長編》卷二五八，神宗熙寧七年十二月丁卯條。
〔註95〕《續資治通鑑長編》卷二五二，神宗熙寧七年四月乙亥條。
〔註96〕《續資治通鑑長編》卷二八二，神宗熙寧十年五月庚午條。
〔註97〕《續資治通鑑長編》卷二九二，神宗元豐元年九月丙子條。

法兼顧。宋代路分以轉運使路爲主，但是路分的合異以及增減常有變化。〔註98〕熙寧七年（1074 年）檢正中書刑房公事沈括上疏，云：「以浙東、浙西及轉運副使、提點刑獄、提舉官六員，分爲兩路：杭、蘇、湖、潤、常、秀、睦七州縣爲浙西路，置轉運、提舉於杭州，提點刑獄於潤州；越、明、婺、溫、臺、衢、處七州爲浙東路，置轉運、提舉於越州，提點刑獄於溫州。」即將兩浙路分爲二路，由於「察訪浙東溫、臺等州，自熙寧四年以後，監司未嘗巡歷州縣，事廢弛無人點檢。蓋監司止在浙西乘船往來，文移旁午，指揮不一，州縣莫之適從，遠民無所赴愬，近郡困於將迎。」〔註99〕將路分細化，實際上目的在於避免轉運使巡歷中由於所部範圍過大，「地遠無由知」，使監察有所偏廢。沈括的建議雖然得到朝廷的批准。但是此制行之不久，浙東、浙西兩路又分而復合爲兩浙路，不過到九月，有司言：「供億錢穀多在浙西計置，及水利事盡在蘇、秀等州，分之必至闕事，其復毋分路。」〔註100〕至熙寧九年（1076 年）五月復分，次年（1077 年）五月復合。幾經變化，最終仍合爲一路主要還是根據財政管理的需要，「蓋以財賦不可分，又已責監司分定巡歷諸州縣歲遍故也」〔註101〕。神宗熙寧十年（1077 年）八月，右贊善大夫、剗刷發運司錢帛呂溫卿說：「觀河北分爲東、西路，其於監司巡按點檢甚便，至於通融移用之法，則不能無害。如東路出絲綿、 絹，西路饒材木、鐵炭，而有無不得以相通，用度不得以相補。」〔註102〕此後對於財賦應歸屬一路，但實分爲兩路者，轉運使仍按照未分路前來措置兩路錢穀。〔註103〕由是觀之，轉運使巡歷所部範圍，在地區財賦聯繫緊密的前提下，其巡歷所部範圍與財政職能呈正相關關係，即所部財賦關聯度高的區域越廣，則有利於錢穀的徵調和轉輸；而與監察職能呈負相關關係，即所部範圍越大，越不便於巡按點檢。所以，轉運使與提點刑獄分部巡按，實行互巡制度，一定程度上可以解決轉運使履行財賦徵調與按舉官吏兩項職責時遇到的矛盾，提高巡歷的效率和對地方監管的效果。

〔註98〕關於宋代路分變化，可參考姜漢椿《北宋轉運使路考略》，《華東師範大學學報》1992 年第 2 期。
〔註99〕《續資治通鑒長編》卷二五二，神宗熙寧七年四月壬辰條。
〔註100〕《續資治通鑒長編》卷二五六，神宗熙寧七年九月丁未條。
〔註101〕《續資治通鑒長編》卷二七五，神宗熙寧九年五月丙寅條。
〔註102〕《續資治通鑒長編》卷二八四，神宗熙寧十年八月己亥條。
〔註103〕參見《續資治通鑒長編》卷二八七，神宗元豐元年閏正月己卯條記載。

　　轉運使和提點刑獄司相互制衡和體量共事，是通過監司加強地方控制的相輔相成的兩個方面。宋代中央政府之所以如此設計，是考慮到「提刑與轉運俱是按察之官，事相關連」〔註104〕，「以置使分部，屬之刺督。而考覈幽明，甄別淑慝」〔註105〕。同屬監司性質的轉運使和提點刑獄採用交叉形式對部內州縣進行點檢，不僅使巡察地方的範圍有所擴大，而且也防止了監司之間相互勾結，或者監司與地方間的勾結，防止地方出現不利於中央集權的離心力。

三、分司理財與地方控制──宋代轉運使與提舉常平司的關係

（一）宋代提舉常平司的設置與職能劃分

　　宋代提舉常平司發端於淳化三年（992年）太宗在京城設置常平倉，「以常參官領之」。〔註106〕景祐元年（1034年），「令轉運司舉長吏舉所部官專領之，然猶隸漕臣。」〔註107〕而提舉常平司的創置以及發揮影響力是在熙豐變法中。史稱：「熙寧初，先遣官提舉河北、陝西路常平」〔註108〕，「此蓋提舉常平之所始也」〔註109〕。

　　王安石變法之初，在變法派和保守派相互較量中，提舉常平司逐步形成制度。王安石為推行變法，力排眾議，在諸路設置提舉官〔註110〕。宋神宗還「釐正監司所治之職，罷武臣為提點刑獄，總其新法，置提舉司，位敘資級視轉運、發運副使及使，定為遷格。」〔註111〕當遭到反對派現難時，王安石勸說神宗加以堅持，認為如果不在諸路設置提舉常平司，將變法事宜「付之他司，事必不舉矣」。〔註112〕熙寧三年（1070年）七月，神宗下詔規定：

　　　　諸路提舉常平官到闕，並令辭見，如有合奏陳乞上殿，即依提點刑獄儀制施行。〔註113〕

〔註104〕《續資治通鑑長編》卷一六〇，仁宗慶曆七年四月丁卯條。
〔註105〕《曾鞏集》卷二十，《敕監司考覈州縣治迹詔》。
〔註106〕《續資治通鑑長編》卷三十三，太宗淳化三年六月辛卯條。
〔註107〕《群書考索》後集卷一三，《提舉》。
〔註108〕《宋史》卷一六七，《職官志》七。
〔註109〕《文獻通考》卷六一，《職官考十五》。
〔註110〕楊仲良：《續資治通鑑長編紀事本末》卷六八，《青苗法》上。
〔註111〕《宋會要輯稿》職官四二之一八。
〔註112〕《續資治通鑑長編紀事本末》卷六八，《青苗法》上。
〔註113〕《續資治通鑑長編》卷二一三，神宗熙寧三年七月癸丑條。

至此，提舉常平司的地位正式確立。提舉司成爲王安石變法的主要憑藉力量，尤以推行青苗法爲著。終宋一代，提舉常平司的置廢參見下表。

宋代提舉常平司立廢表 〔註114〕

時間		立廢	資料來源
北	淳化三年（992 年）六月	京城置常平倉	《續資治通鑒長編》卷三三
	景德三年（1006 年）	京東西、河北、河東、陝西、淮南、江南、兩浙置常平倉	《玉海》卷一八四
	熙寧二年（1069 年）	遣使提領常平倉	《宋會要輯稿》職官四三之二　《記纂淵海》卷三四
		置諸路提舉官、管勾官	《續資治通鑒長編紀事本末》卷六八
宋	熙寧九年（1076 年）	開封府界置提舉官	《宋會要輯稿》職官四三之三
	元祐元年（1086 年）	罷諸路提舉常平官	《宋會要輯稿》職官五三之一四　《重修毗陵志》卷一
		罷諸州常平管勾官	《宋會要輯稿》職官四三之六
	紹聖元年（1094 年）	復置諸路提舉常平官	《宋會要輯稿》職官四三之六　《重修毗陵志》卷一
	崇寧二年（1103 年）	增兩浙路提舉常平官一員	《重修毗陵志》卷一
南	建炎二年八月	復諸路常平官	《建炎以來繫年要錄》卷一七
	建炎三年（1129 年）閏八月	罷諸路提舉司	《建炎以來繫年要錄》卷二七
宋	紹興五年（1135 年）閏二月	諸路提舉司併入茶鹽司	《皇宋中興兩朝聖政》卷一七

〔註114〕關於宋代提舉常平司設置的具體情況，可參見賈玉英著《宋代監察制度》，第八章《宋代路級監察制度》，河南大學出版社，1996 年。

時　間		立　廢	資料來源
南宋	紹興八年（1138 年）十二月	復提舉司	《宋會要輯稿》職官四三之二五、二六
	紹興十五年（1145 年）八月	諸路提舉茶鹽官改充提舉常平茶鹽公事	《宋會要輯稿》職官四三之二八
	紹興十五年十二月	提舉司合依舊法爲監司	《宋會要輯稿》職官四三之二九

　　宋代提舉常平司的職能範圍也比較廣泛，馬端臨在《文獻通考》卷六一《職官考》中說：

> 提舉常平司操常平斂散之法，申嚴免役之政令，治荒修廢，振民艱厄。……歲察所部廉能而保任之，若疲軟或犯法，則隨其職事劾奏。

正如汪聖鐸先生所指出的，宋代在熙豐變法前後，國家的財政體制發生了深刻的變動，「一是三司權力的削弱和三司被戶部所取代，二是財政的進一步集權以及相應的地方財權的縮小。」〔註 115〕提舉司的設立恰逢這個時期，它的出現及監司地位的確立，它與轉運使在理財方面的分工，成爲宋朝中央加強地方財賦控制的重要舉措。

（二）分司理財與地方控制

　　對於宋代熙豐變法前後財政體制的變化，王應麟在《玉海》中有這樣一段描述：

> 祖宗外置轉運司以漕一路之賦，内置三司使以總天下之財。神宗始分天下之財以爲二司，轉運司獨主民常賦與州縣酒稅之課，其餘財利悉收於常平司，掌其發斂，儲之以待非常之用。罷三司而爲戶部，轉運之財則左曹隸焉，常平之財則右曹隸焉。〔註 116〕

雖然王應麟的記述在一些方面還比較籠統〔註 117〕，但是對財政體系變化的趨勢把握還是準確的，從提舉常平司的創置之後，分司理財——分天下財以爲二司，確實成爲熙寧以後宋代財政體制的一個特色。

〔註 115〕汪聖鐸：《兩宋財政史》（上），第 72 頁。
〔註 116〕《玉海》卷一八六，《食貨》。
〔註 117〕紀凡在《論北宋戶部體制的結構和功能》一文中對轉運使和提舉官在戶部體制下財政收入的區分有詳細研究。

　　包偉民先生則對有宋一代地方財政管理體系的變化作了如下描述：

　　　　從北宋初年開始形成的地方財政管理體系，主要由路分轉運司（漕司）與州縣守臣負責。這一系統的一個特點是集管理地方歲計開支與應付中央財政徵調兩大任務於一身。在財計相對充沛的時候，地方官員自然可以做到贍下供上兩不誤，而當地方財政逐漸陷於入不敷出的困境，中央的財政徵調缺又連年增長之時，地方官員雖可能受政治體制的制約而更多地傾向於向上的負責，不過本地財政需求的實際壓力，難保不會影響到他們滿足上級需求的能力。因此，在地方財政長期困窘乃至嚴重赤字的前提下，中央政府要實現對地方的鉅額財政徵調，僅憑其對地方官員人事上的管理，有所不足，而必須輔之以一定的控制機制，才可能奏效。從北宋中後期開始，直至南宋，在直接負責地方經費的管理系統之外，逐步形成了一個由提點刑獄、提舉常平、提舉茶鹽諸司，及通判、縣丞等組成的，由路分到州縣的財政管理系統，直接負責拘收、輸送一大部分中央徵調的錢物，以防止地方經費對它們的侵佔截留。〔註118〕

上述財政管理體制的變化，是我們論述提舉司與轉運使司分司理財及其對地方控制的影響的必要背景。

　　宋初，宋代政府為了加強財政上的集權，繼承唐末五代三司理財的制度，在中央設立三司，總領除內藏系統以外與財賦有關的徵收、轉輸、存儲與支用等各項事務。宋人稱：「蓋我朝以宰相主民，樞府主兵，三司主財，國家大務莫重三者，故不得不專其職也。」「國朝沿五代後唐之制，置三司使以總國計，應四方貢賦之入，朝廷未嘗預焉，一歸三司。總鹽鐵、度支、戶部號計省，使位亞執政，目為計相，官稱省，主其恩數廩祿與參、樞並。鹽鐵、度支、戶部本唐五代皆專使領，皇朝方分設副使，以三司使總之，位亞待制，及稱省副，恩數同夫卿監。逐司各置判官二員，號三司鹽鐵判官，三司度支、戶部判官，以佐副使，視轉運使資序。又有三司判官六員，謂之子司，視提刑資序，各主一司，謂開折司勾覆磨勘司，兼憑由胄案，兼刑案修造案河渠案，各號三司判官管勾開折司或衙司公事之類，以專職也，乃通

〔註118〕包偉民：《宋代地方財政史研究》，第118頁。

判省判。」〔註 119〕這些記載都說明三司和三司使的地位和作用。三司和三司使是宋代初期理財體系的核心。〔註 120〕

宋代加強對地方財賦的徵調，於一路設轉運使，在州軍和中央之間，代表中央監管地方財政，負責徵調地方財賦以供輸中央，所謂「掌一路財賦，而察其登耗有無，以足上供及郡縣之費。」〔註 121〕轉運使——州縣財政體系負責上供中央的財賦與地方財政支出，同時又主管地方常平義倉等經費之外的儲備財賦。〔註 122〕因此，熙豐變法前，整個國計體系的環節為：三司——漕司——州縣，即「外置轉運司以漕一路之賦，內置三司使，以總天下之財。委任而責其成功耳」〔註 123〕。

而對於常平錢物卻是例外，宋朝始終強調三司對其出入不得過問。地方的常平錢物起初由轉運使和幕職州縣官清幹者共掌，常平倉由轉運司負責掌管，領於大司農。用途在於調節市場糧價，以防「穀賤傷農，穀貴傷農」；災荒時用於救濟。仁宗嘉祐二年（1057 年）八月，由諸路提點刑獄司專領常平廣惠倉。〔註 124〕此後，地方的常平錢物多由提點刑獄司兼領，從而逐步取代了轉運使的這一管理職責。在中央，常平錢穀則「付司農寺係帳」，「每年夏秋兩熟，準市價加錢收糴，其出息本利錢，只委司農寺主掌，三司、轉運司不得支撥。」〔註 125〕景祐四年（1037 年），「詔天下常平倉錢穀自今三司及轉運司無得借支。」〔註 126〕熙寧初，設制置三司條例司，將三司之權奪去大半，常平司也隸屬於制置三司條例司。熙寧三年（1070 年）五月，「詔制置司均通天下之財，以常平新法付司農寺，增置丞、簿，而農田水利、免役、保甲等法，悉自司農講行」〔註 127〕。常平司由司農寺領導，司農寺掌握了大量推行新法獲得的財政收益，三司財權大有削弱。而且司農寺長官多以檢正官、臺諫官、兩制官等官員兼判。呂祖謙升任參知政事後，不便再兼判司農寺，遂

〔註 119〕宋駧：《古今源流至論》後集卷二，《三司》。
〔註 120〕汪聖鐸：《兩宋財政史》，第 8 頁。
〔註 121〕《宋史》卷一六七，《職官志》七。
〔註 122〕包偉民：《宋代地方財政史研究》，第 119 頁。
〔註 123〕《宋朝諸臣奏議》卷四五，王襄《上欽宗論彗星》。
〔註 124〕《宋會要輯稿》食貨五三之三四，載：「詔置天下廣惠倉，……仍詔逐路提點刑獄司專領之。」
〔註 125〕《宋朝諸臣奏議》卷一〇七，余靖《上仁宗論借支常平本錢》。
〔註 126〕《續資治通鑑長編》卷一二〇，仁宗景祐四年八月甲午條。
〔註 127〕《宋史》卷一六五，《職官志》五。

另設提舉編修司農寺條例司，親任提舉官。司農寺接管三司制置條例司，是王安石等人的巧妙安排，通過維持制度上的延續性，以堵反對者之口。〔註128〕元豐官制改革以後，戶部理財體製取代三司理財體制〔註129〕，戶部左右曹也將三司的理財核心地位取而代之。因此，「為保證中央的財政徵調得到落實，從北宋中後期開始，直至南宋，在轉運司之外，逐步又形成一個獨立於由轉運使、知州軍、縣令等組成的直接負責地方經費的歲計系統之外的，由提點刑獄、提舉常平、提舉茶鹽諸司，及通判、縣丞等組成的從路分到州縣的財務管理系統，直接負責拘收、輸送一大部分中央徵調錢物，以防止地方經費對它們的侵佔截留」〔註130〕。

在財政體制的變化中，轉運使和提舉司的財政管理權限分工也在發生變化。宋太宗設置常平倉，即隸屬於轉運司，「命常參官領之，歲熟增價以糴；歲欠減價以糶，用賑貧民。」〔註131〕景祐元年（1034年），仁宗令轉運使司與長吏舉所部官兼領常平茶鹽司。〔註132〕在設立提舉常平之後，政府還派遣其他官員兼領。〔註133〕熙寧六年，神宗「詔諸路轉運使副、判官、提點刑獄不兼提舉常平倉者，併兼提舉。」可見轉運使官員兼領常平司很普遍。這實際上使常平司隸屬於轉運使。

熙寧九年（1076年）十二月，神宗指出，提舉官「自來未有明降著令畫一職守，致轄下管司不知適從。凡有舉動，輒與轉運司一例申稟，或非本管職事，越次受理。亦有聞奏者，上下勞弊。宜參詳前後指揮以聞」〔註134〕朝廷因此對轉運司和提舉司的財政管轄權分工作出如下規定：

> 　　常平錢穀、莊產、戶絕田土、保甲、義勇、農田水利、差役、
>
> 坊場、河渡，委提舉司專管勾；轉運使副、判官兼領。

這一規定建立的是常平司主管、轉運使兼管的分工模式。在這種情況下，雖然中央政府明令轉運司不得支用常平錢物，轉運司仍得以利用「兼領」之便移用常平錢物。元豐元年（1078年）十月，判司農寺蔡確上奏說：

〔註128〕王曾瑜：《北宋的司農寺》，《宋史研究論文集》，1987年年會編刊。

〔註129〕汪聖鐸：《兩宋財政史》，第73頁。

〔註130〕包偉民：《宋代地方財政史研究》，第103頁。

〔註131〕《曾鞏集》卷四九，《本朝政要策・常平倉》。

〔註132〕《續資治通鑑長編》卷一一五，仁宗景祐元年七月乙巳條。

〔註133〕《續資治通鑑長編》卷二五八，神宗熙寧八年十二月己巳條。

〔註134〕《續資治通鑑長編》卷二七九，神宗熙寧九年十二月甲午條。

諸路提舉常平司舊兼領於轉運司，極有擅移用司農錢物。自分局以來，河北東路提舉司申轉運司所移用錢二十餘萬緡，江東提舉司申轉運司所移用錢穀十二餘萬貫、石。蓋轉運司兼領，則不能免侵費之弊。今川、廣等路未有提舉官在假，故並轉運司承例兼權。欲乞提舉司闕官處，止令提點刑獄兼權；如廨舍稍遠，即量留吏人照管官物等，委知州或管勾官就便提轄；其提舉官時暫在假，亦委知州或管勾官權本司文字。

……自今提舉官稱職者，乞令久任，候有成效，與遷提點刑獄及以上差遣。〔註135〕

蔡確明確指出：「轉運司兼領（常平司），則不能免侵費之弊」；即使是分司之後，當提舉司官員請假或闕員時，負「兼領」之責的轉運使得以更方便地「移用」常平錢物。

其實，在蔡確上奏之前，神宗朝廷已著手糾正這一管理缺陷。元豐元年（1078年）正月，詔「開封府界提點、諸路轉運使副判官罷兼提舉常平司」〔註136〕。又在河東路、永興軍、兩浙路各增提舉官一員。〔註137〕同年十月，朝廷採納蔡確的建議，下令轉運使不再權領提舉事務。至此，分司理財體制完全確立。

熙豐改制之後，地方財政來源被壓縮，轉運使的財權被削弱，「凡賦稅、常貢、征榷之利方歸三司，摘山煮海、坑治。榷貨、戶絕沒納之財悉歸朝廷，其立法與常平、免役、坊場、河渡、禁軍缺額地利之資皆好朝廷封樁，又有歲課上供之數，盡運入京師別創庫以貯之，三司不預焉」〔註138〕。對於轉運使而言，在財政管理體制中地位的變化是：變法之前，轉運司是作為中央計司的派出機構，在三司轉運司體系下統轄一路財政；變法之後，變為轉運司與常平司分司理財的格局，天下之財分以二司〔註139〕。「諸路轉運司則左曹之屬也，提舉則右曹之屬也」。轉運司和常平司對於財政收入的分割也有了比較明確的區分。〔註140〕提舉司隸屬司農寺，不屬於地方財政系統，三

〔註135〕《續資治通鑑長編》卷二九三，神宗元豐元年十月庚申條。另見《宋會要輯稿》職官四三之五。
〔註136〕《續資治通鑑長編》卷二八七，神宗元豐元年閏正月庚辰條。
〔註137〕《宋會要輯稿》職官四三之四。
〔註138〕《群書考索》後集卷四，《總論國初元豐官制》
〔註139〕《玉海》卷一八六，《食貨》。
〔註140〕紀凡：《論北宋戶部體制的結構和功能》，《河北學刊》，1992年第1期。

司無權過問。宋初天下財用悉出三司」的局面，也改爲三司與司農寺共掌的局面。〔註 141〕

　　神宗以後，分司理財財政體系是中央爲加強對地方財賦的控制以應付「非常之費」而建立的。熙豐變法所累積的大量財賦，在很大程度上都用於軍需支出，亦即非常之費。王安石之所以沒有在變法中沿用三司轉運司體系，原因在於中央計司主要負責日常經費的財政收支。當時要急於應對的是「財不足」。〔註 142〕王安石在三司轉運司的財政體系中分離出司農寺常平司系統，形成轉運司——常平司共掌天下財賦的格局，從而平衡經常之費與非常之費之間的矛盾。〔註 143〕宋人對這種變化也有自己的看法，或說：

> 國朝法五代後唐之制，置三司使以總國計，應四方貢賦之入，朝廷未嘗預焉，一歸三司，總鹽鐵、度支、戶部，位亞執政，目爲計相。凡國家工役之費，其所用皆靈耗之大者，必命三司使總之，乃可節以制度也。至王安石爲相，自著《周禮義》以符合新法，故持冢宰掌邦計之說，謂宰相當主財計，遂以三司分權，凡賦稅、常貢、征榷之利，方歸三司；摘山、煮海、坑冶、榷貨、戶絕、沒納之財悉歸朝廷。其立法與常平、免役、坊場、河渡、禁軍闕額、地利之資，皆號朝廷封樁。又有歲科上供之數，盡運入京師，別創庫以貯之，三司不預焉。〔註 144〕

由是，宋代國家的大部分收入都歸入司農寺常平系統，而三司轉運司體系以及後來戶部左曹所掌財賦日短。陳均在《九朝編年備要》中記載：

> 及官制行，戶部歲入才四百餘萬緡，其它盡入元豐庫，以待非常之用。〔註 145〕

而元豐庫則屬司農寺常平系統，而且「應有所用，必有司月數上之，宰執聚議，同奏降旨下庫，始可支焉。蓋雖天子不得而用，其制之嚴如此。」〔註 146〕

〔註 141〕江曉敏：《唐宋時期的中央與地方財政關係》，《南開學報》，2003 年第 5 期。

〔註 142〕《續資治通鑑長編》卷二二○，神宗熙寧四年二月庚午條載，王安石對神宗說：「今所以未舉事者，凡以財不足，故臣以理財爲方今先急。未暇理財，而先舉事，則事難濟。臣固嘗論天下事如奕棋，以下子先後當否爲勝負。」

〔註 143〕宋炯：《宋代提舉常平司的沿革與財政體系的變化》，《安徽史學》，2002 年第 1 期。

〔註 144〕徐自明：《宋宰輔編年錄》卷七。

〔註 145〕陳均：《九朝編年備要》卷二○。

〔註 146〕陳均：《九朝編年備要》卷二○。

本屬戶部、轉運司調劑的財賦，也被「封樁以待邊用」，轉運使的權力相對被削弱。范祖禹在《論封樁箚子》中云：

> 今諸路經費所以不足者，由提刑司封樁闕額禁軍請受錢帛、斛斗萬數不少。此乃戶部、轉運司本分財計，先帝特令封樁，以待邊用。今朝廷方務安邊息民，則封樁之法宜悉蠲除。

宋代軍費的「非常之費」，愈來愈依賴熙豐變法後所確立起來的財政管理體制，到南宋時更甚。南宋再造，戰爭的消耗已非前代可比，軍費支出浩繁，而稅源又因為戰爭的影響逐步縮小，開源節流的問題日漸突出，中央財政和地方財政的矛盾也日益尖銳。分司理財的體制，尤其是戶部右曹常平司系統的作用明顯擴大。而正是這一系統徵斂形成的大量財賦，成為支撐宋神宗、哲宗、徽宗時期宋夏戰爭的大量開支，同時南宋中興也仰賴於此。雖然這一體系在中央計司經費中所佔比例在絕對量上不一定超過轉運司——守臣體系，但是其地位和作用已不可小覷。〔註147〕總之，對於熙豐變化之後轉運使的一部分財權被常平司分割一事，不能簡單地歸因於是出於權力制衡考慮，其實還有中央在財政實務運作方面的迫切要求。

然而，這種分司理財的體系儘管在北宋中後期至南宋有其獨特作用，其弊端也是顯而易見的，司馬光即云：

> 今之戶部尚書，舊三司使之任也。左曹隸尚書，右曹不隸尚書，天下之財分而為二，視彼有餘，視此不足，不得移用。天下皆國家之財，而分張如此，無專主之者，誰為國家公共愛惜、通融措置者乎？譬如人家有財，必使一人專主管支用，使數人主之，各務己分，所有者多互相侵奪。又人人得取用之，財有增益者乎？故利權不一，雖使天下財如江海，亦恐有時而竭，況民力及山澤所出有限制乎！
>
> 〔註148〕

因此，財權分散，財用分張，財政制度紊亂也就造成宋代藏富於國，卻又無可用度的局面〔註149〕，實是「財以多而至於乏」〔註150〕。

熙豐變法後確立提舉司在路級監司中的地位，也改變了路級監司內部的力量格局，進而亦影響到中央政府對地方的控制。

〔註147〕 包偉民：《宋代地方財政史研究》，第 136 頁。
〔註148〕 《續資治通鑒長編》卷三百六十八，哲宗元祐元年閏二月甲午條。
〔註149〕 程民生：《論北宋財政的特點與積貧現象》，《中國史研究》，1984 年第 3 期。
〔註150〕 葉適：《水心集》卷一，《上孝宗皇帝箚子》。

　　如上所述，分司理財體制以強化對中央對地方財賦控制爲目的，將地方財政收入相當大的一部分，由隸屬中央的常平司、司農寺負責措置，以防地方侵用，確保上供。在開支和稅源不相符，入不敷出的情況下，分司理財的實施，保證了中央計司的財政收入〔註151〕。從這一點看，應該說是達到了宋朝置二司共領地方財賦的初衷。以常平錢物爲例，熙寧二年（1009年），諸路常平、廣惠倉錢穀，約有 1400 萬貫石〔註152〕。熙寧九年（1076年），常平司庫存高達 37394089 石貫匹兩斤束道件〔註153〕。七年內，常平倉儲量翻了一番，平均每年收息至「三百萬貫」〔註154〕。可是，「州郡之事力有限」〔註155〕，宋朝在弱外實內的財賦徵調和分配體制下，難免地方財政匱乏。今人對宋代財政史的研究對此已形成較爲一致的看法。隨著財權的進一步向中央集權，一方面，轉運使通融均濟能力隨著所能調控的財賦日益減少而降低。本來，地方州郡財賦出現短缺，轉運使可以向中央請求調助，然而，這一時期，宋朝中央不僅不斷增加地方的上供額度，而且減少了各路轉運使劃歸地方自行支配的財賦的比例，地方財計的困難大爲增加。元豐七年（1048 年），陝西轉運副使范純粹言：「伏見邊患未平，儲備方急，而本司職務，經累年軍事之餘，上下侵蠹，極於殘弊。事力已竭，無所取濟，利害紛錯，大非章疏可盡。」「契勘本路利源所入，全藉酒課，而比年米麵價貴，本重利輕；況會定之日，除比歲內實收應副實支外，尙有四十四萬餘貫不足年計……今歲入不加於前日，而歲費倍多於昔時，又糴入貴賤如此之不同，則大計盈虛，於此可見。臣彈思竭慮，恨無長畫，以致豐富，惟戾眾斂怨，百計愛省，庶有小補。若但以目前會較，即幸可枝梧，惟慮疆場緩急，別有大段添屯軍馬，或年歲之間，重兵未解，則事力匱竭，計無從出。」〔註156〕地方官員在法定範圍內無計可施，便於法外進行財賦措置，上下其手。由此導致地方吏治敗壞，不言而喻。隨著地方財政狀況惡化，吏治腐敗，中央對地方的控制力度嚴懲削弱，是題中應有之義，學者對此論述甚多，茲不贅述。

〔註151〕包偉民：《宋代地方財政史研究》，第 140 頁。
〔註152〕《宋史》卷一七六，《食貨上》四。
〔註153〕《永樂大典》卷七五○七，《中書備對》。
〔註154〕《續資治通鑒長編》卷二五○，神宗熙寧七年二月癸未條。
〔註155〕《文獻通考》卷二四，《國用考二》。
〔註156〕《續資治通鑒長編》卷三四二，神宗元豐七年正月丁未條。

中央通過分司理財不斷加強對地方財賦的徵收和調撥，也使得監司疲於應付上供，而偏廢本職事務。葉適指出：「夫監司者，以法治下以義舉事者也。今轉運司則以劃刷州縣之財賦，候伺其餘羨衰雜，其逋欠爲一司歲計之常；提舉司則督責茶鹽，用法苛慘，至常平義倉、水利民田，則置而不顧；提刑司則以催趣經總制錢、印給僧道、免丁繇子爲職，而刑獄冤濫、詞訴繁滯，則或莫之省焉。是監司之不法不義，反甚於州縣。」〔註157〕

以提舉司爲例。「提舉常平倉司惟務多斂役錢，廣積寬剩以爲功，希求進用。」〔註158〕提舉司本來的「操常平斂散之法」〔註159〕職能，此時「無復平糴之政矣」〔註160〕。由提舉司專領的常平義倉等職事，在很大程度上都讓位於爲朝廷督辦財賦這一任務。因此，對於地方的賑濟，由於官吏侵用，或者挪爲他用，影響到常平倉正常功能的發揮，倉庫枯竭，民無所依。對常平倉侵用最厲害的是，常平錢物被大量移用充做軍費或轉輸內庫及他司。熙寧五年（1072年）二月，神宗下詔京東常平司「輟錢五十萬緡與河東常平司，聽以綢絹折充，許商人以物產賒買，限一年於河東緣邊輸納」〔註161〕。熙寧九年（1076年）正月，神宗調用秦鳳路等路常平錢約十萬緡，市糴糧草，以備軍需。〔註162〕同年十月，陝西轉運使皮公弼上奏言：「本路今歲極豐，而常平多積錢，原借百萬緡乘賤計置。若他歲物價稍高，則緣邊已有蓄積」。〔註163〕從神宗熙寧三年（1070年）開始，常平息錢每年都有一部分納入內藏庫。高宗紹興二十七年（1157年），殿中侍御史王珪上疏云：「常平賑糴，所以抑兼併，濟貧弱。……臣竊見諸州郡每歲輸納秋租，自裝發綱運之後，倉廩一空。所存止有常平義倉斛斗，軍糧吏俸及摟發上供不足之數皆取給於此，所在成例，是名爲常平，而專以備州郡急闕。至饑民艱食，則坐視而無以賑之，殊非立法之意。」〔註164〕因此，對常平賑濟功能的廢弛，王柏感歎曰：「官無以賑民，使民預輸，以自相賑恤，已戾古意，今又移易他用，數額常虧，遇歉

〔註157〕葉適：《水心集》卷三，《監司》。
〔註158〕《續資治通鑑長編》卷三六七，哲宗元祐元年二月丙戌條。
〔註159〕《古今合璧事類備要》後集卷七〇，《監司門》。
〔註160〕《建炎以來朝野雜記》甲集卷一一，《提舉常平茶鹽》。
〔註161〕《續資治通鑑長編》卷二三〇，神宗熙寧五年二月己卯條。
〔註162〕《續資治通鑑長編》卷二七二，神宗熙寧九年正月戊寅條。
〔註163〕《續資治通鑑長編》卷二七八，神宗熙寧九年十月戊子條。
〔註164〕《建炎以來繫年要錄》卷一七七，高宗紹興二十七年九月丙子條。

歲則復科巨室，此何義哉？」〔註165〕

　　轉運使也在爲滿足不斷增加的上供而「刻剝百姓」，此即范祖禹所說的：「朝廷示天下如一，無有厚薄，欲悉應副，則力或有所不逮；不悉應副，則轉運司無以爲計，不刻剝百姓，何所取之？」〔註166〕

　　監司以財賦爲重，刻剝百姓，偏廢民事，必然加劇當地社會矛盾，事實上也大大削弱了中央對地方控制的程度。

小　結

　　出於分權制衡和提高行政效率以加強地方控制的兩方面考慮，宋代確立起監司並立制度，採用置使分部的方式，使同屬監司的轉運使和提點刑獄對部內州縣進行互巡點檢。轉運使與提點刑獄的互巡制度，不僅擴大了中央監察地方的地域範圍和監察對象，而且也有利於防止監司之間相互勾結，或者監司與地方間的勾結，防止地方產生不利於中央集權的離心力。

　　宋代中央確立監司並立制度，固然是出於重防地方分裂之勢的原則，有旨在加強地方控制的目的，同時也有鑒於轉運使職能多重，分身乏術，爲提高地方行政監管效率的務實考慮。提刑司之設，在分割轉運使權力的同時，大大彌補了在行政和監察並舉的情況下轉運使勢必無法周行的缺陷。熙豐變法後，提舉司和轉運使共掌地方財賦，有利於中央進一步徵調地方財賦爲己所用。總的來看，宋代監司並立從行政、司法、監察、財政等多方面，在一定程度上發揮了加強中央對地方控制的作用。

　　不過，分司理財體系是熙豐年間神宗君臣急於滿足短時期內徵調大量財賦的需要而出現的，隨著宋朝中央財政困境的加重，財力與財權的過份集中，削弱了轉運使通融均濟財賦的能力，也使地方財政狀況趨於惡化，監司和地方政府的百計羅掘，加劇了當地的社會矛盾，結果是削弱了中央對地方的控制力度。

〔註165〕《魯齋集》卷七，《賑濟利害書》。

〔註166〕《宋朝諸臣奏議》卷一○七，范祖禹《上哲宗乞以封樁錢賜戶部及諸路轉運司》。

第五章　結語：宋代轉運使制度與地方控制效果芻議

　　如何處理中央與地方的關係，始終是貫穿中國古代政治的主題。從秦始皇用武力結束春秋以來諸侯紛爭、群雄鼎立的歷史局面，建立大一統帝國以來，在政治家和儒生的思想中，大一統和中央集權的觀念根深蒂固。如宋人所描述的，「盡收威權，一總事權，視天下之大如一家之細」；〔註1〕「自天子以外無尺寸之權，一尊京師而威服天下」；〔註2〕這種以君主專制爲核心的中央集權制，成爲中國古代基本的政治體制。

　　政治學的常識告訴我們，國家權力往往是恒定量，中央集權的加強和削弱，通常取決於中央政府和地方政府之間的關係，依賴於兩者力量的消長變化。加強對地方控制是古代中國維持中央集權制的關鍵所在。宋朝建立以來，君臣懲前代之弊，建立各種制度，強化地方控制，扭轉了唐末五代以來臣強君弱的局面，使宋朝成爲一個典型的高度中央集權的國家。其中，轉運使制度的實施，是宋代朝廷在中央和地方之間尋找一種有效的政治平衡手段的結果，對於加強地方控制有著重要意義。

　　我們認爲，從宋代中央的制度設計來看，轉運使是中央政府的派出機構。中央政府以分寄式集權的形式，賦予轉運使「代天子巡狩」的權力，主管或監管所轄路分的財政、民政、司法、吏治等，在「層層節制」的基礎上，實現中央加強地方控制的目的。

〔註1〕《歷代名臣奏議》卷五六，《治道》。
〔註2〕《水心集》卷五，《奏議·經綱一》。

　　宋朝建立轉運使制度的目的，從一開始就與唐代不同。唐代設轉運使首先著重的是其支持中央財政的職能。而宋代從一開始就著眼於讓他發揮強化中央集權、削弱地方權力的作用。唐末五代的歷史表明，藩鎮之所以可以恣睢暴戾，與中央對抗，所仰仗的是自擅地方財賦和控制下屬州縣。因此，趙宋建國伊始就著手革除其弊。朱熹對此評論說：

　　　　然自唐末，大抵節鎮之患深，如人之病，外強中乾，其勢必有
　　　　以通其變而後可。故太祖皇帝知其病而梳理之，於是削其支郡，以
　　　　斷其臂指之勢。置通判以奪其政，命都監、監押以奪其兵，立倉場
　　　　庫務之官，以奪其財。嚮之所患，今皆無憂矣。〔註3〕

「斷其臂指之勢」，即意味著宋朝中央要加強對各級地政府的直接控制；「奪其財」，則強調宋朝中央要加強對地方財賦的直接控制。宋朝中央建立轉運使制度是兼顧這兩方面意圖的措施。

　　從宋代賦予轉運使的職能演變來看，轉運使是以理財之責初領路級機構，進而逐步享有行政、民政、司法以及監察等諸項權力的，其中，措置地方財賦上供和按劾地方官吏違戾則是其最主要的職能。這突出地反映了轉運使是中央政府派出機構以加強地方控制的組織性質。轉運使作為聯繫中央財政和地方財政的中介，負有足上供，足郡縣之費，在所轄州軍內部相互之間，以及在所轄州軍與中央政府之間起通融均濟之責〔註4〕。不過，他作為中央計司督徵地方財賦的代表，足上供是其優先職責。

　　建立轉運使官員的巡歷制度，是宋代對中國古代監察制度和地方控制手段的繼承與創新。中央要求轉運使把巡歷作為履行職能的必要形式，要求他們必須於規定的時限內，巡歷完所部範圍內的所有州縣，並為督促他們認真履行巡歷職責製定了各種規定。轉運使在巡歷過程中，點檢公事，以澄清地方吏治為重點，在加強中央對地方的控制、穩定社會秩序等方面發揮了不少的作用。同時，由於主客觀的諸多原因，轉運使巡歷制度在實施中也存在著執行不力、流於形式以及干預地方政務不當、增加州縣政府迎送負擔等多種弊端。

　　宋代轉運使由於行政職能過於繁重，在履職過程中，其「職司」職能與「監司」職能之間存在著無法同時兼顧的矛盾。這是因為，中央一方面強烈要求轉運使專辦財賦，通過加強地方財政控制而控制地方，另一方面也不斷

〔註3〕　《朱子語類》卷一一○，《論兵》。
〔註4〕　包偉民：《宋代地方財政史研究》，第28頁。

責成轉運使監察地方吏治，通過控制地方官員行為而加強地方控制。然而，轉運使所轄路分廣闊，在理財與監察二者之間難免顧此失彼，力不從心，隨著宋朝政治、軍事、財政讚美形勢的發展變化，無論在理財或者是監察都不能完全符合中央所望，削弱了其代表中央加強地方控制的功用。因此，宋代經過逐步摸索，建立監司並立制度。

　　轉運使、提刑司、提舉司三個監司並立，也是宋朝對中國古代地方控制方式的新嘗試。監司並立制度無疑具有分權制衡的用意，同時也有出於宋朝中央提高對地方行政監管效率的實務考慮。總的來說，監司並立及其相關制度從行政、司法、監察、財政等多方面，在一定程度上發揮了加強中央對地方控制的作用。如分部巡按，即同屬監司的轉運使和提點刑獄採用交叉的形式對部內州縣進行點檢，加上轉運使與提點刑獄間的互察，其意不僅在於使監司擴大巡察地方的地域範圍和監察對象範圍，而且也旨在防止監司之間相互勾結，或者是監司與地方之間的勾結，避免地方產生不利於中央集權的離心力。分司理財體制是宋朝熙豐期間財政變革的產物。提舉司作為直屬中央的監司機構，在拘收地方財賦供上體系中，逐漸佔據重要地位。熙豐變法以後，中央財政和地方財政關係發生了較大變化，地方上增加的不少徵斂名目，由提舉司負責拘收並最終調歸中央支配。此後，軍費開支日益增多，朝廷開支無度，府庫空虛，宋朝中央不僅繼續實行熙豐時期籌措財賦的方法，而且在管理上進一步加強向地方調取財賦，包括增加上供額度，巧立徵調名目，攫取征権之利等。及至南宋，財政的中央集權達到極至。這主要源於南宋中央財政在強敵壓境之下，面臨著龐大軍需和鉅額歲幣的沉重壓力，中央政府不得不繼續向地方百計徵斂，導致地方財政趨於惡化。設置提舉司就是直接為加強中央對地方財賦的控制服務的。與此同時，轉運使對財賦通融計濟的能力卻遭到削弱。地方財力困窘的直接後果是百姓的賦稅負擔日益沉重，因為，地方官員既要盡可能地滿足中央通過提舉司、轉轉運使等進行的財賦調取，又要自己設法措置供地方開支的經費，勢必百計羅掘，法外加斂。這必然會激化當地社會矛盾，最終是削弱中央對地方的控制力度。這是宋朝建立分司理財體制之始料所未及。誠然，宋代諸司並立加強地方控制力度，不同於漢代之部刺史，也異於明清之道，在古代政治控制過程中，亦屬可圈可點的制度設計。〔註5〕

〔註5〕金圓先生在《宋代監司監察地方官吏摭談》中談及：「由漕、憲、倉三司共同

　　宋代轉運使制度對於中國古代探索中央合理控制地方的政治模式具有承上啓下的意義，值得深入探討。學者對此頗加注意。本文所論若干問題，其目的也在於此。

參考文獻

史 籍

1. （漢）司馬遷，史記〔M〕，北京：中華書局，1959 年。
2. （南朝宋）范曄，後漢書〔M〕，北京：中華書局，1965 年。
3. （唐）房玄齡，晉書〔M〕，北京：中華書局，1974 年。
4. （宋）薛居正，舊唐書〔M〕，北京：中華書局，1975 年。
5. （宋）歐陽修，新五代史〔M〕，北京：中華書局，1974 年。
6. （元）脫脫，宋史〔M〕，北京：中華書局，1977 年。
7. （宋）李燾，續資治通鑒長編〔M〕，北京：中華書局，1979～1993 年。
8. （宋）熊克，中興小紀〔M〕，北京：中華書局，1985 年。
9. （宋）李心傳，建炎以來繫年要錄〔M〕，北京：中華書局，1985 年。
10. （元）佚名，宋史全文〔M〕，文淵閣四庫全書本。
11. （清）黃以周，續資治通鑒長編拾補〔M〕，北京：中華書局，2004 年。
12. （宋）徐夢莘，三朝北盟會編〔M〕，臺灣：文海出版社，1977 年。
13. （明）陳邦瞻，宋史紀事本末〔M〕，中華書局，1977 年。
14. （宋）楊仲良，續資治通鑒長編紀事本末〔M〕，臺灣：文海出版社，1967 年。
15. （宋）呂中，宋大事記講義〔M〕，文淵閣四庫全書本。
16. （宋）李攸，宋朝事實〔M〕，北京：中華書局，1985 年。
17. （元）馬端臨，文獻通考〔M〕，北京：中華書局，1986 年。
18. （清）徐松，宋會要輯稿〔M〕，北京：中華書局，1957 年。
19. （宋）包拯，包孝肅奏議〔M〕，文淵閣四庫全書本。

20.（宋）宋大詔令集〔M〕，北京：中華書局，1962 年。

21.（宋）趙汝愚，宋朝諸臣奏議〔M〕，上海：上海古籍出版社，1999 年。

22.（明）楊士奇，黃淮，歷代名臣奏議〔M〕，臺灣：臺灣學生書局，1965 ～1985 年。

23.（明）陳邦瞻，宋宰輔編年錄〔M〕，北京：中華書局，1986 年。

24.（宋）施宿等，會稽志〔M〕，文淵閣四庫全書本。

25.（宋）王存，元豐九域志〔M〕，北京：中華書局，1984 年。

26.（宋）祝穆，方輿勝覽〔M〕，北京：中華書局，2003 年。

27.（明）王鏊，姑蘇志〔M〕，文淵閣四庫全書本。

28.（宋）彭百川，太平治迹統類〔M〕，臺北：成文出版社，1966 年。

29.（宋）高承，事物紀原〔M〕，北京：中華書局，1985 年。

30.（宋）林駉，古今源流至論〔M〕，文淵閣四庫全書本。

31.（宋）潘自牧，記纂淵海〔M〕，北京：中華書局，1988 年。

32.（宋）王應麟，玉海〔M〕，江蘇：廣陵書社，2003 年。

33.（宋）章如愚，群書考索〔M〕，北京：中華書局，1992 年。

34.（宋）祝穆，古今事文類聚〔M〕，文淵閣四庫全書本。

35.（元）富大用，古今事文類聚外集〔M〕，文淵閣四庫全書本。

36.（宋）司馬光，涑水記聞〔M〕，北京：中華書局，1989 年。

37.（宋）王銍，燕翼詒謀錄〔M〕，北京：中華書局，1981 年。

38.（宋）王銍，默記〔M〕，北京：中華書局，1981 年。

39.（宋）王闢之，澠水燕談錄〔M〕，北京：中華書局，1985 年。

40.（宋）魏泰，東軒筆錄〔M〕，北京：中華書局，1983 年。

41.（宋）黃震，黃氏日抄〔M〕，文淵閣四庫全書本。

42.（宋）朱熹，朱子語類〔M〕，北京：中華書局，1986 年。

43.（宋）洪邁，容齋隨筆〔M〕，上海：上海古籍出版社，1978 年

44.（宋）江少虞，宋朝事實類苑〔M〕，上海：上海古籍出版社，1981 年。

45.（宋）吳曾，能改齋漫錄〔M〕，北京：中華書局，1985 年。

46.（宋）范仲淹，范文正集〔M〕，文淵閣四庫全書本。

47.（宋）胡寅，斐然集〔M〕，文淵閣四庫全書本。

48.（宋）劉摯，忠肅集〔M〕，北京：中華書局，1985 年。

49.（宋）李覯，李覯集〔M〕，北京：中華書局，1981 年。

50.（宋）樓鑰，攻媿集〔M〕，北京：中華書局，1985 年。

51.（宋）歐陽修，文忠集〔M〕，文淵閣四庫全書本。

52.（宋）蘇轍，欒城集〔M〕，北京：中華書局，1987 年。

53.（宋）王安石，臨川文集〔M〕，文淵閣四庫全書本。

54.（宋）葉適，水心集〔M〕，中華書局，1961 年。

55.（宋）曾鞏，曾鞏集〔M〕，北京：中華書局，1984 年。

56.（宋）周必大，文忠集〔M〕，文淵閣四庫全書本。

57.（宋）晁補之，雞肋集〔M〕，文淵閣四庫全書本。

58.（宋）司馬光，司馬光日記校注〔M〕，北京：中國社會科學出版社，1994 年。

59.（宋）謝深甫，慶元條法事類〔M〕，北京：中華書局，1990 年。

60.（清）王夫之，宋論〔M〕，北京：中華書局，1964 年。

61.（清）趙翼，廿二史札記〔M〕，北京：中華書局，1984 年。

62.（清）黃本驥，歷代職官表〔M〕，上海：上海古籍出版社，1982 年。

論著（按作者姓氏音序編目）

B

1. 白鋼，中國政治制度史〔M〕，天津：天津人民出版社，1991 年。

2. 包偉民，宋代地方財政史研究〔M〕，上海：上海古籍出版社，2001 年。

3. 包偉民，宋代制度史研究百年〔M〕，北京：商務印書館，2002 年。

C

1. 陳寅恪，金明館叢稿初編〔M〕，上海：上海古籍出版社，1980 年。

2. 陳寅恪，金明館叢稿二編〔M〕，上海：上海古籍出版社，1980 年。

3. 程美超，中國地方政府〔M〕，香港：中華書局，1987 年。

4. 陳明光，唐代財政史新編〔M〕，北京：中國財政經濟出版社，1999 年。

5. 陳仲安，王素，漢唐職官制度研究〔M〕，北京：中華書局，1993 年。

6. 陳振，宋史〔M〕，上海：上海人民出版社，2003 年。

D

1. 鄧小南，宋代文官選任制度諸層面〔M〕，河北：河北教育出版社，1993 年。

2. 戴揚本，北宋轉運使考述〔M〕，上海：上海古籍出版社，2007 年。

G

1. 葛劍雄，統一與分裂〔M〕，北京：三聯書店，1994 年。
2. 龔延明，宋史職官志補正〔M〕，浙江：浙江古籍出版社，1994 年。
3. 龔延明：宋代官製辭典〔M〕，北京：中華書局，1998 年。
4. 郭黎安，宋史地理志彙釋〔M〕，安徽：安徽教育出版社，2003 年。

H

1. 何汝泉，唐代轉運使初探〔M〕，重慶：西南師範大學出版社，1987 年。

J

1. 賈玉英，宋代監察制度〔M〕，河南：河南大學出版社，1996 年。

L

1. 李治安，唐宋元明清中央與地方關係研究〔M〕，天津：南開大學出版社，1996 年。
2. 李錦繡，唐代財政制度史〔M〕，北京：北京大學出版社，2001 年。
3. 李之亮，宋代路分長官通考〔M〕，四川：巴蜀書社，2003 年。
4. 梁太濟，包偉民，宋史食貨志補正〔M〕，浙江：杭州大學出版社，1994 年。
5. 劉後濱，唐代中書門下體制研究〔M〕，山東：齊魯書社，2004 年。
6. 呂育誠，地方政府管理〔M〕，香港：元照出版公司，2001 年。

M

1. 苗書梅，宋代官員選任和管理制度〔M〕，河南：河南大學出版社，1996 年。

N

1. 聶崇歧，宋史叢考〔M〕，北京：中華書局，1979 年。

Q

1. 錢穆，中國歷史研究法〔M〕，北京：三聯書店，2001 年。
2. 邱添生，唐宋變革期的政經與社會〔M〕，臺灣：文津出版社，1999 年。

3. 屈超立，宋代地方民事審判職能研究〔M〕，四川：巴蜀書社，2003 年。

W

1. 汪聖鐸，兩宋財政史〔M〕，北京：中華書局，1995 年。
2. 王雲海，宋會要輯稿考校〔M〕，上海：上海古籍出版社，1986 年。
3. 王雲海，宋代司法制度〔M〕，河南，河南大學出版社，1992 年。
4. 王德毅，宋會要輯稿人名索引〔M〕，臺灣：新文豐出版公司，1978 年。
5. 吳宗國，中國古代官僚政治制度〔M〕，北京：北京大學出版社，2004 年。

X

1. 肖黎，李桂海，中國古代史導讀〔M〕，上海：文匯出版社，1991 年。

Y

1. 虞雲國，宋代臺諫制度研究〔M〕，上海：上海社會科學院出版社，2001 年。
2. 楊樹藩，宋代中央政治制度〔M〕，臺灣：臺灣商務印書館，1977 年。
3. 余蔚，中國古代地方監察體系運作機制研究〔M〕，上海：上海古籍出版社，2014 年。

Z

1. 朱瑞熙，中國政治制度通史〔M〕，北京：人民出版社，1996 年。
2. 張希清，宋朝典制〔M〕，吉林：吉林文史出版社，1997 年。
3. 曾瑞龍，宋朝史論〔M〕，香港：強記出版，1989 年。
4. 周振鶴，中華文化通志〔M〕，上海：上海人民出版社，1998 年。
5. 周寶珠，陳振，簡明宋史〔M〕，北京：人民出版社，1985 年。
6. 鄭學檬，中國古代經濟重心南移和唐宋江南經濟研究〔M〕，湖南：嶽麓書社，2003 年。
7. 曾繁康，中國政治制度史〔M〕，臺灣：華岡出版有限公司，1979 年。
8. 鄒逸麟，中國歷史地理〔M〕，上海：上海教育出版社，2005 年。
9. 張其凡，宋初政治探研〔M〕，廣東：暨南大學出版社，1995 年。
10. 〔美〕田浩，宋代思想史論〔M〕，北京：社科文獻出版社，2003 年。
11. 〔美〕伊沛霞，內闈〔M〕，江蘇：江蘇人民出版社，2004 年。

論文（按作者姓氏音序編目）

B

1. 包偉民，宋代地方州軍財政制度述略〔J〕，文史，1996 年，第 41 輯。

C

1. 陳明光，唐宋田賦的「損免」與「災傷檢放」論稿〔J〕，中國史研究，2003 年，（2）。

2. 陳仲安，唐代的使職差遣〔J〕，武漢大學學報，1963 年，（1）。

3. 陳長征，北宋中央控馭地方的派出機構——路〔J〕，山東大學學報，2003 年，（2）。

4. 陳志英，元代財賦運轉機構——轉運司的變遷，晉陽學刊，2006 年，（6）。

5. 陳志英，社會變革過程中政治制度的選擇——金五京路轉運司建制考〔J〕，中國歷史地理論叢，2008 年，（3）。

6. 陳志英，金元時期的轉運司〔J〕，復旦大學博士學位論文，2008 年。

7. 常志剛，宋代路級機構的治安職能探論〔J〕，求索，2006 年，（12）。

D

1. 鄧廣銘，《宋史職官志》考正〔J〕，中央研究院歷史語言所集刊，1948 年，第十本。

2. 鄧小南，走向「活」的制度史〔J〕，浙江學刊，2003 年，（3）。

3. 戴建國，宋代提點刑獄司〔J〕，上海師範大學學報，1989 年，（2）。

4. 戴揚本，北宋轉運使考〔J〕，博士學位論文，上海：華東師範大學，2003 年。

5. 戴揚本，《玉海》卷一八二「沈義倫任京西轉運使」之說更論〔J〕，中國史研究，2006 年，（1）。

6. 戴揚本，北宋初期轉運使制度的演變〔J〕，中華文史論叢，2007 年，（1）。

7. 戴揚本，關於北宋初期轉運使的幾個問題——兼論北宋幾則早期文獻的史料意義〔J〕，《歷史教學問題》，2007 年，（4）。

G

1. 高柯立，宋代粉壁考述〔J〕，文史，2004 年，（1）。

H

1. 何汝泉，唐代地方運使述略〔J〕，西南師範大學學報，2003 年，（6）。
2. 黃壽成，關於唐代鹽鐵轉運度支使的問題〔J〕，陝西師範大學學報，1999 年（2）。

J

1. 金圓，宋代監司監察官吏摭談〔J〕，上海師範大學學報，1982 年，（3）。
2. 金圓，宋代監司制度述論〔J〕，上海師範大學學報，1994 年，（3）。
3. 賈玉英，宋代提舉常平司制度初探〔J〕，中國史研究，1997 年，（3）。
4. 賈玉英，唐宋時期「道」「路」制度區劃理念變遷論略〔J〕，中州學刊，2006 年，（11）。
5. 江曉敏，宋代中央政府對地方官員的任用、管理與監察〔J〕，南開學報，1994 年，（1）。
6. 姜漢椿，宋代轉運司的設官制度〔J〕，華東師範大學學報，1989 年，（6）。
7. 姜漢椿，北宋轉運使路考略〔J〕，華東師範大學學報，1992 年，（2）。
8. 紀凡，北宋戶部體制的結構與功能〔J〕，河北學刊，1992 年，（1）。

L

1. 羅文，宋代中央對地方施政之路的區劃〔J〕，大陸雜誌，1974，第 49 卷第 5 期。
2. 李光霽，宋代職官制度的特點〔J〕，歷史教學，2001 年，（3）。
3. 李昌憲，也談北宋轉運司的治所〔J〕，中國歷史地理論叢，1992 年，（2）。
4. 李昌憲，宋代轉運司治所考述〔J〕，文史，2001 年，第 55 輯。
5. 李其旻，宋朝「路」制淺析〔J〕，齊魯學刊，1992 年，（4）。
6. 李之亮，北宋河東路轉運使編年〔J〕，華北水利水電學院學報，2001 年，（2）。
7. 李之亮，宋代轉運使司置司考述〔J〕，文史，2004 年，（1）。
8. 李曉，北宋的河北糴便司〔J〕，中國史研究，2004 年，（2）。
9. 李曉，宋朝江淮荊浙發運司的政府購買職能〔J〕，中國社會經濟史研究，2004 年，（2）。
10. 李立，北宋轉運使若干問題研究〔J〕，碩士學位論文，北京：北京大學，1996 年。
11. 劉復生，由虛到實：關於「四川」的概念史〔J〕，中國歷史地理論叢，2013 年，（2）。

12. 駱詳譯、李天石，從《天聖律令》看西夏轉運司與地方財政制度——兼與宋代地方財政制度比較〔J〕，中國經濟史研究，2016，（3）。

N

1. 聶崇歧，中國歷代官制簡述〔J〕，光明日報，1962－4－25。

Q

1. 齊濤，巡院與唐宋地方政體的轉化〔J〕，文史哲，1991 年，（5）。
2. 屈超立，論宋代轉運司的司法職能〔J〕，浙江學刊，2003 年，（4）。

T

1. 田志光、李昌憲，關於北宋轉運司治的問題上「首州論」的再討論〔J〕，中國史研究，2011 年，（1）。
2. 滕子赫，北宋河北路轉運使制度研究〔J〕，河北大學碩士學位論文，2015 年。

W

1. 王曾瑜，北宋的司農寺〔A〕，宋史研究論文集〔C〕，1987 年。
2. 汪聖鐸，宋代轉運使補論〔J〕，中國史研究，2004 年，（1）。
3. 王文楚，北宋諸路轉運司的治所〔J〕，文史，1987 年，第 28 輯。
4. 王洪信、劉鳳茹，宋代轉運司論略〔J〕，邢臺師範高專學報，1997 年，（1）。
5. 王麗，北宋西北三路的轉運使〔J〕，河南大學碩士學位論文，2000 年。
6. 王麗，北宋轉運使的設置問題探討〔J〕，河南大學學報，2001 年，（6）。
7. 王曉龍，從提點刑獄司制度看宋代「路」之性質〔J〕，中國歷史地理論叢，2008 年，（3）。
8. 王曉龍，宋代路級機構在地方政務管理中的分工與合作〔J〕，雲南社會科學，2009 年，（4）。
9. 王曉龍，宋代路級機構間關係之研究〔J〕，中國歷史地理論叢，2009 年，（4）。
10. 王曉龍，論宋代路級機構的互察關係及對地方政治的影響〔J〕，大慶師範學院學報，2009 年，（4）。
11. 溫海清，元代初期諸路轉運司考述〔J〕，中國史研究，2007 年，（3）。

X

1. 許懷林，北宋轉運使制度略論〔A〕，鄧廣銘，宋史研究論文集（1982 年年會編刊）〔C〕，河南：河南人民出版社，1984 年。

2. 謝興周，宋代轉運使之任用〔J〕，新亞學報，1994 年，（十七）。

3. 謝興周，南宋轉運使的治所〔J〕，大陸雜誌，1994 年，第八十八卷第二期。

4. 謝興周，宋代轉運使之建置及其在路制中之地位與影響〔J〕，東吳歷史學報，1997 年，（3）。

5. 謝興周，宋代轉運使之職權〔J〕，新亞學報，1997 年，第十八卷。

6. 徐東升，從官手工業看宋代路級機構的關係〔J〕，廈門大學學報，2005 年，（4）。

7. 徐東升，論宋代的監司關係——以轉運、提點刑獄和提舉常平司爲中心〔J〕，江蘇社會科學，2008 年，（5）。

Y

1. 葉伯棠，宋代地方行政制度〔J〕，憲政評論，1978 年，第 9 卷（4）。

2. 余蔚，分部巡歷：宋代監司履職的時空特徵〔J〕，歷史研究，2009 年，（5）。

3. 余蔚，完整制與分離制：宋代地方行政權力的轉移〔J〕，歷史研究，2005 年，（4）。

Z

1. 鄭學檬，中國古代經濟重心南移的若干問題探討〔N〕，光明日報，1988 －6－15。

2. 張家駒，宋代路分考〔J〕，禹貢半月刊，1935 年，第四卷（1）。

3. 張德昌，北宋路制簡論〔J〕，信陽師範學院學報，1985 年，（3）。

4. 臧雲浦，秦漢職官制度的形成與影響〔J〕，徐州師院學報，1981 年，（2）。

5. 周振鶴，中央地方關係史的一個側面（上）〔J〕，復旦學報，1995 年，（3）。

6. 鄭世剛，北宋的轉運使〔A〕，鄧廣銘，宋史研究論文集（1982 年年會編刊）〔C〕，河南：河南人民出版社，1984 年。

7. 〔日〕青山定男，唐宋時代的轉運使與發運使〔J〕，清華周刊，1934 年，第 42 期（1）。

後　記

　　每閱讀學術著作，尤喜讀後記，大抵後記是作者在冷靜理性地研究闡述之後，感性情感的釋放。無論是對研究議題的隨筆雜感，還是描寫刻畫讀書研究的心路歷程，即便只是落入俗套的感謝文字，都會讓人在毫無情感色彩的研究背後，觸摸到有情有感的活生生的個體。余生性愚鈍，必不如那些文采飛揚的作者後記寫得風生水起，只是有些話須藉此方寸之地表達，聊表感激之情。

　　蒙花木蘭文化出版社抬愛，鼓勵自己將擱置了十餘年的畢業論文出版，感謝楊嘉樂主編不厭其煩地提醒和督促，也為自己的拖沓深感抱歉。慚愧的是，畢業後研究方向的轉換以及心有旁騖，筆者在宋代轉運使的研究幾無推進，而這一議題當前史學界已有相當拓展，譬如復旦大學余蔚先生從古代地方監察的角度所做的精彩分析，河北大學王曉龍先生從路級監司機構關係層面進行的制度闡釋等，不一而足。由於此，在該書付梓時，筆者於學術史略作補充，論文本身行文和篇章布局基本未做大規模調整，權做自己從事研究過程中的歷史標記。當然，文中很多不成熟的觀點和論證還有討論和辨證的很大空間。

　　感謝導師陳明光先生。先生總是在點滴間示範做人做學問的道理，先生身上有著典型文人的特質，澹泊明志，乃謙謙君子，育人無聲，落地有痕。先生對筆者的失誤總是包容，時常為筆者的踟躕不前而深感焦慮，餘之不慧，多負所望，深感羞赧。感謝鄭學檬先生、楊際平先生、馬良懷先生、李華瑞先生、魏明孔先生、魯西奇先生的提攜扶持。鄭先生的智慧啟迪，常常讓人茅塞頓開。楊先生學術的精耕細作，令人對史學研究心生敬意。尤為深深感念的是，2004 年末，父親因中風住院，楊先生得知消息，慷慨解囊，資助機

票，正忙於畢業論文的我得以最短的時間返鄉見到父親最後一面。亦師亦友的馬老師，有著魏晉文人的灑脫，與馬老師飲酒論道的場景仍記憶猶新。與李老師結緣是於 2002 年秋在廈門大學舉行的有關唐宋變遷的學術會議，老師邃密貫通的治學精神，始終成為自己學習道路上的指引。與自己同籍的魏老師既有師者的威嚴，私下裏也不時會流露孩童般的可愛，幽默的個性讓人感覺無比親近。魯老師在廈大任教期間，不辭辛苦，每月定期召集年輕教師進行學術專題懇談與討論，讓系列其中的自己獲益良多，深悟「獨學無友，則孤陋而難成；久處一方，則習染而不自覺」的道理。感謝能在人生的道路上遇到良師，老師們每每叮囑，讓人如沐春風。

此生最感謝的是我的慈父，一位普通得不能再普通的工人，身兼父母二職將姐姐和我撫養成人。然「子欲養，而親不待」，當年匆匆趕回家，看到躺在病床，頭上纏著厚厚的白色繃帶，身上插滿了各種醫用塑管的父親，我呆呆得坐在他身旁，眼淚不聽使喚地湧出，完全不敢相信眼前這個緊閉雙眼，臉色發青，身子滾燙的人是我的父親，聽到一旁姐姐的呼喚：「爸，龍龍回來了，來看你了！」我才切切實實地意識到，這真的是父親！雖然內心急切得盼望手術後的父親能很快甦醒，而在昏迷了幾日後，父親還是撒手人寰。黨醫生通知我們辦理後事的那一剎那，彷彿天都要塌下來，那個曾經我可以對他撒嬌，可以和他爭執，可以挽手散步的父親居然棄我而去，而在生命的最後時刻，他和我沒有任何交流，便默默地走了。我深深地悔恨，為什麼在父親發病前的幾日，還打電話說，過年不回家了，要趕論文。倘若那年我放一放手上的論文，回家陪隻身在家的父親過年，監督他按時吃降壓藥，或許今天父親可以和我漫步廈門海邊的沙灘，可以繼續向人誇耀兒子研究生畢業，可以做拿手的燒三鮮給自己吃，可是都不可能了……每每回想起這一切，我都很自責，和父親過往的一幕幕，我總是怯於回憶。如今雖已在廈門安家，內心還是感覺家裡少些什麼，總是很羨慕街邊他人帶著白髮蒼蒼的父親出行，我總會想要是我父親還在，該多好！若父親在天有靈，我想說，爸爸，不孝兒想您了！